U0512872

全面建成小康社会大事记

中共中央党史和文献研究院

人民出版社

目　录

2021 年 7 月 1 日，习近平总书记在庆祝中国共产党成立 100 周年大会上庄严宣告，我们在中华大地上全面建成了小康社会。小康是中华民族自古以来追求的理想状态。中国共产党一经诞生，就把为中国人民谋幸福、为中华民族谋复兴确立为自己的初心使命。改革开放之初党中央提出小康社会的战略构想，经过全党全国各族人民持续奋斗，我们实现了全面建成小康社会的第一个百年奋斗目标，正在意气风发向着第二个百年奋斗目标迈进。

一九七八年

12月18日—22日　　中共十一届三中全会召开。全会作出把党和国家工作中心转移到经济建设上来、实行改革开放的历史性决策,实现新中国成立以来党的历史上具有深远意义的伟大转折,开启了改革开放和社会主义现代化的伟大征程。

一九七九年

3月21日　邓小平在会见英中文化协会执行委员会代表团时指出,我们定的目标是在本世纪末实现四个现代化。我们的概念与西方不同,我姑且用个新说法,叫做中国式的四个现代化。

同日　陈云在中央政治局会议上讲话指出,我们搞四个现代化,建设社会主义强国,是在什么情况下进行的。讲实事求是,先要把"实事"搞清楚。一方面我们还很穷,另一方面要经过20年,即在本世纪末实现四个现代化。这是一个矛盾。人口多,要提高生活水平不容易;搞现代化用人少,就业难。我们只能在这种矛盾中搞四化。这个现实的情况,是制定建设蓝图的出发点。

7月15日　中共中央、国务院批转广东省委、福建省委关于对外经济活动实行特殊政策和灵活措施的两个报告,决定先在深圳、珠海试办出口特区。1980年5月16日,中共中央、国务院正式将出口特区改称为经济特区。8月,五届全国人大常委会第十五次会议批准广东、福建两省在深圳、珠海、汕头、厦门设置经济特区。

7月28日　邓小平在山东青岛考察时指出,生产力不发展,有什么社会主义优越性。如果我们人均收入达到1000美元,就很不错,可以吃得好,穿得好,用得好。

9月28日 中共十一届四中全会通过《关于加快农业发展若干问题的决定》。指出,只有加快发展农业生产,逐步实现农业现代化,才能使占我国人口80%的农民富裕起来。要从财政、物资和技术上给西北、西南一些地区以及其他一些革命老根据地、偏远山区、少数民族地区和边境地区以重点扶持,帮助它们发展生产,摆脱贫困。

12月6日 邓小平在会见日本首相大平正芳时指出,我们的四个现代化的概念,不是像你们那样的现代化的概念,而是"小康之家"。到本世纪末,中国的四个现代化即使达到了某种目标,我们的国民生产总值人均水平也还是很低的。要达到第三世界中比较富裕一点的国家的水平,比如国民生产总值人均1000美元,也还得付出很大的努力。中国到那时也还是一个小康的状态。

一九八〇年

1月16日 邓小平在中共中央召集的干部会议上讲话指出,到本世纪末,争取国民生产总值每人平均达到1000美元,算个小康水平。我们拥有各种有利条件,一定能够赶上世界上的先进国家;但是也要认识到,为了缩短和消除两三个世纪至少一个多世纪所造成的差距,必须下长期奋斗的决心。

3月14日—15日 中共中央召开西藏工作座谈会,提出有计划有步骤地使西藏兴旺发达、繁荣富裕起来。

5月31日 邓小平在同中央负责工作人员谈话时指出,农村政策放宽以后,一些适宜搞包产到户的地方搞了包产到户,效果很好,变化很快。影响集体经济的担心是不必要的,这些地方只要生产发展了,农村的社会分工和商品经济发展了,低水平的集体化就会发展到高水平的集体化,集体经济不巩固的也会巩固起来。

7月22日 邓小平在前往河南视察途中指出,对如何实现小康,我作了一些调查,让江苏、广东、山东、湖北、东北三省等省份,一个省一个省算账。我对这件事最感兴趣。八亿人口能够达到小康水平,这就是一件很了不起的事情。你们河南地处中原,你们算账的数字是"中原标准"、"中州标准",有一定的代表性。

9 月 25 日 中共中央发出《关于控制我国人口增长问题致全体共产党员、共青团员的公开信》，提倡一对夫妇只生育一个孩子。1982 年 9 月，中共十二大把实行计划生育确立为我国的一项基本国策。

9 月 27 日 中共中央印发《关于进一步加强和完善农业生产责任制的几个问题》的通知。指出，我们今后的任务，仍然是坚定地沿着党的三中全会确定的路线、方针、政策继续前进，研究新的情况，解决新的问题，争取农业生产的全面高涨和农民生活的逐步富裕，实现农业现代化。

10 月 15 日 邓小平在人民解放军总参谋部召开的防卫作战研究班全体会议上讲话指出，现在我们搞四个现代化，提的目标就是争取 20 年翻两番。到本世纪末人均国民生产总值达到 800 至 1000 美元，进入小康社会。

12 月 3 日 中共中央、国务院作出《关于普及小学教育若干问题的决定》，要求在 80 年代全国基本普及小学教育，有条件的地区普及初中教育。

一九八一年

2 月 25 日 全国总工会、共青团中央等九单位联合向全国人民特别是青少年发出倡议，开展以讲文明、讲礼貌、讲卫生、讲秩序、讲道德和心灵美、语言美、行为美、环境美为主要内容的"五讲四美"文明礼貌活动。1982 年中共十二大以后，许多地方开展了热爱祖国、热爱社会主义、热爱党的"三热爱"活动。它与原来的"五讲四美"活动，汇合成一个"五讲四美三热爱"的统一的活动。

5 月 24 日—6 月 6 日 国务院召开全国日用机电产品工作会议，提出要大力发展自行车、缝纫机、钟表、电视机、收音机、录音机、洗衣机、照相机、电风扇、电度表十种产品的生产，逐步提高人民物质文化生活水平。

6 月 27 日 中共十一届六中全会通过《关于建国以来党的若干历史问题的决议》，对新中国成立 32 年来党的重大历史事件特别是"文化大革命"作出正确总结，实事求是地评价毛泽东的历史地位，科学论述毛泽东思想作为党的指导思想的伟大意义，并对十一届三中全会以来逐步确立的适合我国情况的社会主义现代化建设正确道路的主要点作了概括，指出经济建设必须从我国国情出发，量力而行，积极奋斗，有步骤分阶段地实现现代化的目标。

8 月 15 日　中共中央发出《关于关心人民群众文化生活的指示》。指出,进行社会主义建设的根本目的,除了满足人民群众对于物质生活的需要,还要满足人民群众对于文化生活的需要。

10 月 10 日　国务院作出《关于加强旅游工作的决定》。指出,中国式的旅游道路,要充分发挥我国的古老文化、山水名胜和多民族这些特点,积极发展,量力而行,稳步前进。

10 月 17 日　中共中央、国务院作出《关于广开门路,搞活经济,解决城镇就业问题的若干决定》。指出,在社会主义公有制经济占优势的根本前提下,实行多种经济形式和多种经营方式长期并存,是一项战略决策,决不是一种权宜之计。必须着重开辟在集体经济和个体经济中的就业渠道,逐步形成一套有利于发展国民经济和改善人民生活的劳动就业制度。

12 月 13 日　五届全国人大四次会议通过政府工作报告,提出要真正从我国实际情况出发,走出一条速度比较实在、经济效益比较好、人民可以得到更多实惠的新路子。

一九八二年

1月1日 中共中央批转《全国农村工作会议纪要》。指出,建立农业生产责任制的工作,反映了亿万农民要求按照中国农村的实际状况来发展社会主义农业的强烈愿望。目前实行的包产到户、包干到户等各种责任制,都是社会主义集体经济的生产责任制。不论采取什么形式,只要群众不要求改变,就不要变动。这是中共中央就农业农村工作发出的第一个"一号文件"。

8月10日 邓小平在会见美籍华人科学家时指出,我们提出20年改变面貌,不是胡思乱想、海阔天空的变化,只是达到一个小康社会的变化,这是有把握的。小康是指国民生产总值达到1万亿美元,人均800美元。社会主义制度收入分配是合理的,赤贫的现象可以消灭。到那时,国民收入的1%分配到科学教育事业,情况就会大不同于现在。

9月1日—11日 中国共产党第十二次全国代表大会举行。邓小平在致开幕词时提出,把马克思主义的普遍真理同我国的具体实际结合起来,走自己的道路,建设有中国特色的社会主义。大会通过的报告《全面开创社会主义现代化建设的新局面》提出,从1981年到20世纪末,力争使全国工农业年总产值翻两番,即由1980年的7100亿元增加到2000年的

2.8万亿元左右,使人民的物质文化生活达到小康水平。在战略部署上分两步走:前十年主要是打好基础,积蓄力量,创造条件,后十年要进入一个新的经济振兴时期。

12月4日 五届全国人大五次会议通过并公布施行经全面修改后的《中华人民共和国宪法》。其中规定,国家保护公民的合法的收入、储蓄、房屋和其他合法财产的所有权;国家合理安排积累和消费,兼顾国家、集体和个人的利益,在发展生产的基础上,逐步改善人民的物质生活和文化生活。

12月10日 五届全国人大五次会议批准《中华人民共和国国民经济和社会发展第六个五年计划》。

12月 国务院启动"三西"(即甘肃河西、定西和宁夏西海固)农业建设专项扶贫计划,开创了我国有组织、有计划、大规模减贫行动的先河。1983年,设立"三西"地区农业建设专项补助资金。

一九八三年

1月2日　中共中央发出《当前农村经济政策的若干问题》。指出,要稳定和完善农业生产责任制,同时适应商品生产的需要,发展多种多样的合作经济,适当发展个体商业,允许农民长途贩运。

3月2日　邓小平视察江苏等地后同中央负责同志谈话指出,我经江苏到浙江,再从浙江到上海,一路上看到情况很好,人们喜气洋洋,新房子盖得很多,市场物资丰富,干部信心很足。看来,四个现代化希望很大。现在,苏州市工农业总产值人均接近800美元,达到这样的水平,社会上的面貌是:人民的吃穿用问题解决了,基本生活有了保障;住房问题解决了,人均达到20平方米;就业问题解决了,城镇基本上没有待业劳动者;人不再外流了,农村的人总想往大城市跑的情况已经改变;中小学教育普及了,教育、文化、体育和其他公共福利事业有能力自己安排;人们的精神面貌变化了,犯罪行为大大减少。

4月24日　国务院批转财政部《关于国营企业利改税试行办法》。

5月26日　邓小平在会见世界银行行长时指出,占世界人口1/4的中国在本世纪末摆脱贫困落后的状态,建成一个小康社会,这对世界经济的稳定和发展将是一个重要贡献。

10 月 1 日 邓小平为景山学校题词:教育要面向现代化,面向世界,面向未来。

10 月 12 日 中共中央、国务院发出《关于实行政社分开建立乡政府的通知》。到 1984 年底,全国基本完成政社分设。

12 月 31 日 第二次全国环境保护会议明确提出环境保护是我国的一项基本国策。1989 年 12 月 26 日,七届全国人大常委会第十一次会议通过《中华人民共和国环境保护法》。

一九八四年

1月1日 中共中央发出《关于一九八四年农村工作的通知》,明确土地承包期 15 年,鼓励农民向各种企业投资入股,联合兴办各种企业,允许农村雇工经营。

3月1日 中共中央、国务院转发农牧渔业部《关于开创社队企业新局面的报告》,同意将社队企业改称为乡镇企业,明确乡镇企业是广大农民群众走向共同富裕的重要途径。到 1987 年,乡镇企业从业人员超过 8000 万人,总产值达到 4764 亿元,第一次超过农业总产值。

5月31日 六届全国人大二次会议通过《中华人民共和国民族区域自治法》。2001 年 2 月 28 日,九届全国人大常委会第二十次会议通过《关于修改〈中华人民共和国民族区域自治法〉的决定》,明确规定民族区域自治是国家的一项基本政治制度。

6月30日 邓小平在会见日本客人时指出,如果走资本主义道路,可以使中国百分之几的人富裕起来,但是绝对解决不了百分之九十几的人生活富裕的问题。而坚持社会主义,实行按劳分配的原则,就可以使全国人民普遍过上小康生活。这就是我们为什么要坚持社会主义的道理。不坚持社会主义,中国的小康社会形成不了。

9 月 29 日　中共中央、国务院发出《关于帮助贫困地区尽快改变面貌的通知》。指出,对贫困地区要有必要的财政扶持,但必须善于使用,纠正单纯救济观点;要进一步放宽政策,减轻负担、给予优惠,搞活商品流通、加速商品周转,增加智力投资。

10 月 13 日　国务院发出《关于农民进入集镇落户问题的通知》,要求积极支持有经营能力和有技术专长的农民进入集镇经营工商业,并放宽其落户政策。

10 月 20 日　中共十二届三中全会通过《关于经济体制改革的决定》。指出,社会主义经济是公有制基础上的有计划的商品经济,企业所有权同经营权可以适当分开;认真贯彻按劳分配原则,允许和鼓励一部分地区、一部分企业和一部分人依靠勤奋劳动先富起来;对老弱病残、鳏寡孤独等实行社会救济,对还没有富裕起来的人积极扶持,对经济还很落后的一部分革命老根据地、少数民族地区、边远地区和其他贫困地区实行特殊的优惠政策,并给以必要的物质技术支援。

一九八五年

1月1日 中共中央、国务院印发《关于进一步活跃农村经济的十项政策》，决定除个别品种外，国家不再向农民下达农产品统购派购任务，从 1985 年起实行合同定购和市场收购。

1月5日 国务院发出《关于国营企业工资改革问题的通知》，要求推行国营企业工资改革，克服企业工资分配中的平均主义、吃"大锅饭"的弊病。

3月13日 中共中央作出《关于科学技术体制改革的决定》，提出经济建设必须依靠科学技术、科学技术工作必须面向经济建设的战略方针。

5月27日 中共中央作出《关于教育体制改革的决定》，明确教育体制改革的根本目的是提高民族素质，多出人才、出好人才，要有步骤地实行九年制义务教育，大力发展职业技术教育，改革高等学校招生计划和毕业生分配制度，扩大高等学校办学自主权。

5月 中共中央、国务院批准实施旨在依靠科学技术促进农村经济发展的"星火计划"。

6月9日—15日 全国法制宣传教育工作会议召开。会议通过《关于向全体公民基本普及法律常识的五年规划》。

到 2021 年,共实施八个五年普法规划。

9 月 23 日 中国共产党全国代表会议通过《关于制定国民经济和社会发展第七个五年计划的建议》。提出,使 1990 年的工农业总产值和国民生产总值比 1980 年翻一番或者更多一些,使城乡居民的人均实际消费水平每年递增 4%—5%,使人民的生活质量、生活环境和居住条件都有进一步的改善,我国人民的消费由温饱型逐步向小康型过渡。

本年 中国国内生产总值由 1980 年的 4588 亿元增加到 9099 亿元,按不变价格计算,年均增长 10.6%。

一九八六年

1月1日　中共中央、国务院印发《关于一九八六年农村工作的部署》。提出,从"七五"计划开始,增加对农业投资、水利投资,要切实帮助贫困地区逐步改变面貌。

1月17日　邓小平在中央政治局常委会会议上讲话指出,抓精神文明建设,抓党风、社会风气好转,必须狠狠地抓,一天不放松地抓,从具体事件抓起。搞四个现代化一定要有两手,一手抓建设,一手抓法制。

3月5日　邓小平对王大珩、王淦昌、杨嘉墀、陈芳允四位科学家提出的关于跟踪研究外国高技术发展的建议作出批示。11月18日,中共中央、国务院转发《高技术研究发展计划纲要》(又称"八六三计划")。

4月12日　六届全国人大四次会议通过《中华人民共和国民法通则》、《中华人民共和国义务教育法》、《中华人民共和国外资企业法》。

5月14日　国务院贫困地区经济开发领导小组第一次全体会议提出,争取在"七五"期间解决大多数贫困地区人民的温饱问题,彻底改变单纯救济的扶贫办法,实行新的经济开发方式。当年,确定绝对贫困人口标准为1985年农民年人均纯收入低于206元,国家重点扶持贫困县标准为1985年农民年人均纯收入低于 150 元。按此标准，1986 年全国贫困人口约为 1.25 亿，国家重点扶持贫困县为 331 个，同时划定 18 个集中连片贫困地区。

6 月 25 日 六届全国人大常委会第十六次会议通过《中华人民共和国土地管理法》。

7 月 8 日 中国国内卫星通信网正式建成。

7 月 12 日 国务院发布《国营企业实行劳动合同制暂行规定》、《国营企业招用工人暂行规定》、《国营企业辞退违纪职工暂行规定》、《国营企业职工待业保险暂行规定》。这是新中国成立以来劳动制度的一次重大改革。

9 月 28 日 中共十二届六中全会通过《关于社会主义精神文明建设指导方针的决议》，阐述社会主义精神文明建设的战略地位和根本任务，强调要培育有理想、有道德、有文化、有纪律的社会主义公民，用建设有中国特色的社会主义的共同理想团结全国各族人民，提高整个中华民族的思想道德素质和科学文化素质。

一九八七年

10 月 13 日　邓小平在会见匈牙利客人时指出,贫穷不是社会主义,发展太慢也不是社会主义。社会主义发展生产力,成果是属于人民的。

10 月 25 日—11 月 1 日　中国共产党第十三次全国代表大会举行。大会通过的报告《沿着有中国特色的社会主义道路前进》,阐述社会主义初级阶段理论,提出党在社会主义初级阶段的基本路线。大会提出到 21 世纪中叶分三步走、基本实现现代化的战略目标,即:第一步,实现国民生产总值比 1980 年翻一番,解决人民的温饱问题。这个任务已经基本实现。第二步,到 20 世纪末,使国民生产总值再增长一倍,人民生活达到小康水平。第三步,到 21 世纪中叶,人均国民生产总值达到中等发达国家水平,人民生活比较富裕,基本实现现代化。

11 月 24 日　六届全国人大常委会第二十三次会议通过《中华人民共和国村民委员会组织法(试行)》。1989 年 12 月 26 日,七届全国人大常委会第十一次会议通过《中华人民共和国城市居民委员会组织法》。1998 年 11 月 4 日,九届全国人大常委会第五次会议通过《中华人民共和国村民委员会组织法》。

    本年 "丰收计划"开始实施,旨在大面积推广农业先进适用技术,促进农业增产、农民增收。

一九八八年

2 月 25 日　国务院印发《关于在全国城镇分期分批推行住房制度改革的实施方案》。1994 年 7 月 18 日,国务院作出《关于深化城镇住房制度改革的决定》,住房供应管理逐步由单位化向社会化、专业化改变。1998 年 7 月 3 日,国务院发出《关于进一步深化城镇住房制度改革加快住房建设的通知》,提出停止住房实物分配,逐步实行住房分配货币化。

3 月 11 日　中国残疾人联合会成立。9 月,国务院批准实施《中国残疾人事业五年工作纲要(1988 年—1992 年)》,要求各级政府把残疾人事业纳入社会经济发展计划。

4 月 13 日　七届全国人大一次会议决定,设立海南省,建立海南经济特区。

6 月 7 日　邓小平在会见波兰客人时指出,只有深化改革,而且是综合性的改革,才能够保证本世纪内达到小康水平,而且在下个世纪更好地前进。

8 月　国务院批准实施旨在发展高新技术产业的"火炬计划"。

9 月 5 日　邓小平在会见捷克斯洛伐克客人时指出,马克思说过,科学技术是生产力,事实证明这话讲得很对。依我看,科学技术是第一生产力。

9 月 7 日　我国成功将第一颗气象卫星"风云一号"送入预定轨道,成为世界上第三个能够独立发射太阳同步轨道卫星的国家。

9 月 12 日　邓小平在听取工作汇报时,提出"两个大局"思想。指出,沿海地区要加快对外开放,使这个拥有两亿人口的广大地带较快地先发展起来,从而带动内地更好地发展,这是一个事关大局的问题。内地要顾全这个大局。反过来,发展到一定的时候,又要求沿海拿出更多力量来帮助内地发展,这也是个大局。那时沿海也要服从这个大局。还指出,过去我们是穷管,现在不同了,是走向小康社会的宏观管理。

9 月　经国务院批准,国家教委推行"燎原计划",进行农村教育综合改革,以培养大批有文化、有技术、会经营的新型农民。

10 月 24 日　邓小平在视察我国第一座高能加速器——北京正负电子对撞机工程时指出,中国必须发展自己的高科技,在世界高科技领域占有一席之地。

本年　农业部组织实施"菜篮子"工程计划。各地区肉、蛋、奶、水产和蔬菜生产基地开始建立。

一九八九年

春夏之交　北京和其他一些城市发生政治风波,党和政府依靠人民,旗帜鲜明地反对动乱,平息在北京发生的反革命暴乱,捍卫了社会主义国家政权,维护了人民的根本利益,保证了改革开放和社会主义现代化建设继续前进。6月9日,邓小平在接见首都戒严部队军以上干部时指出,北京发生的政治风波是国际的大气候和中国自己的小气候所决定的,强调党的十一届三中全会以来制定的基本路线、方针、政策和发展战略是正确的,要坚定不移地干下去。

6月24日　江泽民在中共十三届四中全会上讲话指出,在对待党的十一届三中全会以来的路线和基本政策这个最基本的问题上,要明确两句话:一句是坚定不移,毫不动摇;一句是全面执行,一以贯之。

9月29日　江泽民在庆祝中华人民共和国成立40周年大会上讲话指出,1988年,我国国民生产总值已经上升到世界的第八位;全国居民实际消费水平由1952年的每人每年76元,提高到1988年的639元,扣除物价上涨因素,平均每年增长3.7%;全国人民的温饱问题基本解决,一部分居民生活开始向小康水平迈进。

10月30日　共青团中央和中国青少年发展基金会宣

布,通过社会集资,建立救助贫困地区失学少年基金,资助品学兼优而又因家庭困难失学的孩子,实施希望工程。此后,各社会组织、民间团体和私营企业相继开展"春蕾计划"、"文化扶贫"、"光彩事业"、"幸福工程"、"贫困农户自立工程"、"青年志愿者支教扶贫接力计划"等多种形式的扶贫活动。

一九九〇年

2月23日　国务院批转国务院贫困地区经济开发领导小组《关于九十年代进一步加强扶贫开发工作的请示》。指出,从 1991 年开始,全国贫困地区要在解决大多数群众温饱问题的基础上,转入以脱贫致富为主要目标的经济开发新阶段。到 20 世纪末全国实现小康目标时,贫困地区要稳定地解决温饱问题,初步改变贫穷落后面貌。

3月3日　邓小平在同几位中央负责同志谈话时指出,中国社会主义农业的改革和发展,从长远的观点看,要有两个飞跃。第一个飞跃,是废除人民公社,实行家庭联产承包为主的责任制。这是一个很大的前进,要长期坚持不变。第二个飞跃,是适应科学种田和生产社会化的需要,发展适度规模经营,发展集体经济。这是又一个很大的前进,当然这是很长的过程。

4月12日　中央政治局会议原则通过国务院提交的浦东开发开放方案。上海浦东新区成为我国首个国家级新区。此后,天津滨海、重庆两江等新区陆续批复设立。到 2021 年 6 月,全国共设立 19 个国家级新区。

6月19日　江泽民在农村工作座谈会上讲话指出,我国 11 亿人口,8 亿多在农村。农村稳定了,农民安居乐业了,也就从根本上保证了我们国家和社会全局的稳定。农业是国民经济的基础。90年代,我们要实现国民生产总值再翻一番的第二步战略目标,必须继续搞好农村的改革,继续加强农业这个基础。

9月1日 中国大陆兴建最早的高速公路——沈大高速公路(沈阳至大连)正式通车。到2020年底,全国高速公路里程达16.1万公里。

9月22日—10月7日 第十一届亚洲运动会在北京举行。这是中国首次承办的综合性国际体育大赛。

11月26日 上海证券交易所正式成立,12月19日正式开业。1991年7月3日,深圳证券交易所正式开业。

12月4日 《人民日报》报道,我国生产的电冰箱、洗衣机、电风扇、缝纫机、自行车、电饭锅、电熨斗、铅笔、自来水笔、蘑菇罐头、海盐等十多种轻工产品年产量均居世界第一位。

12月24日 邓小平在同几位中央负责同志谈话时指出,共同致富,我们从改革一开始就讲,将来总有一天要成为中心课题。社会主义不是少数人富起来、大多数人穷,不是那个样子。社会主义最大的优越性就是共同富裕,这是体现社会主义本质的一个东西。

12月28日 七届全国人大常委会第十七次会议通过《中华人民共和国残疾人保障法》。

12月30日 中共十三届七中全会通过《关于制定国民经济和社会发展十年规划和"八五"计划的建议》。指出,小康水平,是指在温饱的基础上,生活质量进一步提高,达到丰衣足食。这个要求既包括物质生活的改善,也包括精神生活的充实;既包括居民个人消费水平的提高,也包括社会福利和劳动环境的改善。解决温饱问题是我国经济发展的一个重要阶段,由温饱达到小康是又一个重要发展阶段。

本年 中国国内生产总值达到 18873 亿元。全国绝大多数地区解决了温饱问题。我国开始向小康社会迈进。

一九九一年

6 月 26 日 国务院作出《关于企业职工养老保险制度改革的决定》。1997 年 7 月 16 日、2005 年 12 月 3 日,国务院先后作出《关于建立统一的企业职工基本养老保险制度的决定》、《关于完善企业职工基本养老保险制度的决定》。

9 月 4 日 七届全国人大常委会第二十一次会议通过《中华人民共和国未成年人保护法》。

11 月 29 日 中共十三届八中全会通过《关于进一步加强农业和农村工作的决定》。提出,90 年代农业和农村工作总的目标是在全面发展农村经济的基础上,使广大农民的生活从温饱达到小康水平,逐步实现物质生活比较丰裕,精神生活比较充实,居住环境改善,健康水平提高,公益事业发展,社会治安良好。

12 月 15 日 中国第一座自行设计、自行建造的核电站——秦山核电站并网发电。

本年 国家统计局等部门组成的课题组,按照中共中央、国务院提出的小康社会的内涵,确定 16 个基本监测指标和小康临界值。

一九九二年

1月18日—2月21日 邓小平视察武昌、深圳、珠海、上海等地并发表谈话,明确回答长期困扰和束缚人们思想的许多重大认识问题。指出,坚持党的十一届三中全会以来的路线、方针、政策,关键是坚持"一个中心、两个基本点",基本路线要管一百年;判断姓"社"姓"资"的标准,应该主要看是否有利于发展社会主义社会的生产力,是否有利于增强社会主义国家的综合国力,是否有利于提高人民的生活水平;要抓住时机,发展自己,发展才是硬道理。特别强调,计划多一点还是市场多一点,不是社会主义与资本主义的本质区别。社会主义的本质,是解放生产力,发展生产力,消灭剥削,消除两极分化,最终达到共同富裕。这次谈话是把改革开放和现代化建设推进到新阶段的又一个解放思想、实事求是的宣言书。

3月8日 国务院印发《国家中长期科学技术发展纲领》,提出动员和吸引大部分科技力量投身于国民经济建设主战场。

4月3日 七届全国人大五次会议通过《中华人民共和国妇女权益保障法》。

5月20日 "五个一工程"首次颁奖。

6月16日 中共中央、国务院印发《关于加快发展第三产业的决定》。指出,同温饱水平相比,小康水平不仅表现在居民收入所达到的标准,更重要的是要看社会化服务水平和居民生活质量。加快发展第三产业的目标是,争取用十年左右或更长一些时间,逐步建立起适合我国国情的社会主义统一市场体系、城乡社会化综合服务体系和社会保障体系。

10 月 12 日—18 日 中国共产党第十四次全国代表大会举行。大会通过的报告《加快改革开放和现代化建设步伐,夺取有中国特色社会主义事业的更大胜利》,总结党的十一届三中全会以来 14 年的实践经验,决定抓住机遇,加快发展;确定我国经济体制改革的目标是建立社会主义市场经济体制;提出用邓小平同志建设有中国特色社会主义的理论武装全党。大会提出,在 90 年代,初步建立起社会主义市场经济体制,实现达到小康水平的第二步发展目标;到建党 100 周年时,在各方面形成一整套更加成熟更加定型的制度;到 21 世纪中叶建国 100 周年时,达到第三步发展目标,基本实现社会主义现代化。

一九九三年

2月13日 中共中央、国务院印发《中国教育改革和发展纲要》。指出,到20世纪末,我国要实现基本普及九年义务教育,基本扫除青壮年文盲。

2月15日 国务院发出《关于加快粮食流通体制改革的通知》。本年,我国取消粮票,实行了40年的粮食统购统销制度宣告结束。

7月2日 八届全国人大常委会第二次会议通过《中华人民共和国农业法》。

10月31日 八届全国人大常委会第四次会议通过《中华人民共和国消费者权益保护法》。

11月5日 中共中央、国务院印发《关于当前农业和农村经济发展的若干政策措施》,提出在原定的耕地承包期到期之后,再延长30年不变。

11月14日 中共十四届三中全会通过《关于建立社会主义市场经济体制若干问题的决定》,勾画了社会主义市场经济体制的基本框架,提出要使市场在国家宏观调控下对资源配置起基础性作用。

12月15日 国务院作出《关于实行分税制财政管理体制的决定》,确定从1994年1月1日起改革地方财政包干体制,对各省、自治区、直辖市以及计划单列市实行分税制财政管理体制。

12 月 25 日 国务院作出《关于金融体制改革的决定》。提出,建立在国务院领导下,独立执行货币政策的中央银行宏观调控体系;建立政策性金融与商业性金融分离,以国有商业银行为主体、多种金融机构并存的金融组织体系;建立统一开放、有序竞争、严格管理的金融市场体系。1994 年,我国陆续成立国家开发银行、中国进出口银行和中国农业发展银行三家政策性银行。

一九九四年

1 月 24 日　江泽民在全国宣传思想工作会议上讲话指出,宣传思想工作要以科学的理论武装人,以正确的舆论引导人,以高尚的精神塑造人,以优秀的作品鼓舞人。

2 月 28 日—3 月 3 日　国务院召开全国扶贫开发工作会议,部署实施《国家八七扶贫攻坚计划》,要求力争在 20 世纪末最后的七年内基本解决全国农村 8000 万贫困人口的温饱问题。

3 月 23 日　中央农村工作会议宣布粮食生产实行省长负责制,"菜篮子"工程实行市长负责制。

3 月 25 日　国务院常务会议通过《中国 21 世纪议程》,确定实施可持续发展战略。

7 月 4 日　国务院常务会议通过《基本农田保护条例》。

7 月 5 日　八届全国人大常委会第八次会议通过《中华人民共和国劳动法》。

8 月 23 日　中共中央印发《爱国主义教育实施纲要》,提出要把爱国主义教育作为提高全民族整体素质和加强社会主义精神文明建设的基础工程。

一九九五年

3 月 18 日　八届全国人大三次会议通过《中华人民共和国教育法》。1995 年、1999 年,国家相继启动"211 工程"和"985 工程"。

5 月 1 日　全国开始实行每周五天工作制,职工每周工作时间为 40 小时。

5 月 6 日　中共中央、国务院作出《关于加速科学技术进步的决定》,确定实施科教兴国战略。

9 月 28 日　中共十四届五中全会通过《关于制定国民经济和社会发展"九五"计划和 2010 年远景目标的建议》。提出,实行经济体制从传统的计划经济体制向社会主义市场经济体制转变,经济增长方式从粗放型向集约型转变这两个具有全局意义的根本性转变。全面完成现代化建设的第二步战略部署,2000 年,在我国人口将比 1980 年增长 3 亿左右的情况下,实现人均国民生产总值比 1980 年翻两番;基本消除贫困现象,人民生活达到小康水平。江泽民在全会上讲话,系统阐述了正确处理改革、发展、稳定关系等社会主义现代化建设中的 12 个重大关系。

11 月 16 日　京九铁路全线铺通。

本年　中国国内生产总值达到 61340 亿元。原定 2000

年国内生产总值比 1980 年翻两番的目标,提前五年实现。1997 年,又提前实现人均国内生产总值比 1980 年翻两番的目标。

一九九六年

2月8日　江泽民在中共中央举办的法制讲座上发表讲话,把此前"以法治国"的提法改为"依法治国",指出依法治国是党和政府管理国家和社会事务的重要方针。

3月19日　中央政治局常委会会议专题研究新疆稳定工作。1997年,中央开始从内地省市、国家机关和国有重要企业派出一批骨干力量到新疆工作。此后,对口支援新疆的力度不断加大。

8月3日　国务院印发《关于环境保护若干问题的决定》,明确重点治理淮河、海河、辽河和太湖、巢湖、滇池的水污染。

8月29日　八届全国人大常委会第二十一次会议通过《中华人民共和国老年人权益保障法》。

9月23日　江泽民在中央扶贫开发工作会议上讲话指出,实现小康目标,不仅要看全国的人均收入,还要看是否基本消除了贫困现象。这就必须促进各个地区经济协调发展。要坚持开发式扶贫的方针,增强贫困地区自我发展能力。10月23日,中共中央、国务院作出《关于尽快解决农村贫困人口温饱问题的决定》,提出打好扶贫攻坚战的主要措施。

10月10日　中共十四届六中全会通过《关于加强社会

主义精神文明建设若干重要问题的决议》。指出,社会主义社会是全面发展、全面进步的社会,社会主义现代化事业是物质文明和精神文明协调发展的事业。

12 月 中央宣传部、国家科委、农业部、文化部、卫生部等部委联合发出《关于开展文化科技卫生"三下乡"活动的通知》。

本年 中共中央、国务院决定组织京津沪三个直辖市、沿海六个经济比较发达的省、四个计划单列市,分别对口帮扶西部十个省、自治区。

本年 中央组织部、中国科学院共同组织实施"西部之光"人才培养计划。1998 年 2 月 27 日,中央组织部、中国科学院印发《关于推进"西部之光"人才培养计划的实施意见》。

一九九七年

1月15日 中共中央、国务院作出《关于卫生改革与发展的决定》。

3月17日 国务院批准《中国公民自费出国旅游管理暂行办法》。2001年12月12日,国务院常务会议通过《中国公民出国旅游管理办法》。

4月1日 全国铁路实施第一次大提速,提速列车最高时速140公里。到2007年,全国铁路连续进行六次大提速。

4月15日 中共中央、国务院印发《关于进一步加强土地管理切实保护耕地的通知》,正式建立土地用途管理制度。2004年10月,国务院印发《关于深化改革严格土地管理的决定》。2006年7月,正式建立国家土地督察制度。

6月4日 国家科技领导小组第三次会议决定制定《国家重点基础研究发展规划》。随后,科技部组织实施国家重点基础研究发展计划(又称"九七三计划"),加强国家战略目标导向的基础研究工作。

8月5日 江泽民在《关于陕北地区治理水土流失,建设生态农业的调查报告》上作出批示,提出要齐心协力大抓植树造林,绿化荒漠,建设生态农业,再造一个山川秀美的西北地区。

9月2日　国务院发出《关于在全国建立城市居民最低生活保障制度的通知》。

9月12日—18日　中国共产党第十五次全国代表大会举行。大会通过的报告《高举邓小平理论伟大旗帜，把建设有中国特色社会主义事业全面推向二十一世纪》，着重阐述邓小平理论的历史地位和指导意义；提出党在社会主义初级阶段的基本纲领；明确公有制为主体、多种所有制经济共同发展是我国社会主义初级阶段的一项基本经济制度；强调依法治国，建设社会主义法治国家。大会提出我国改革开放和现代化建设跨世纪发展的宏伟目标，即21世纪第一个十年实现国民生产总值比2000年翻一番，使人民的小康生活更加宽裕，形成比较完善的社会主义市场经济体制；再经过十年的努力，到建党100年时，使国民经济更加发展，各项制度更加完善；到21世纪中叶建国100年时，基本实现现代化，建成富强民主文明的社会主义国家。大会通过《中国共产党章程修正案》，把邓小平理论同马克思列宁主义、毛泽东思想一道确立为党的指导思想并载入党章。

9月　中共十五大和十五届一中全会提出，用三年左右的时间，使大多数国有大中型亏损企业摆脱困境，力争到本世纪末大多数国有大中型骨干企业初步建立现代企业制度。1999年9月22日，中共十五届四中全会通过《关于国有企业改革和发展若干重大问题的决定》。

11月8日　长江三峡水利枢纽工程成功实现大江截流。2012年7月4日，三峡工程最后一台70万千瓦巨型机组正式交付投产。

12 月 24 日 江泽民在会见全国外资工作会议代表时讲话指出，"引进来"和"走出去"，是我们对外开放基本国策两个紧密联系、相互促进的方面，缺一不可，这是一个大战略。

一九九八年

6月9日　中共中央、国务院发出《关于切实做好国有企业下岗职工基本生活保障和再就业工作的通知》。

6月中旬—9月上旬　我国南方特别是长江流域及北方的嫩江、松花江流域出现历史上罕见的特大洪灾。在中共中央、国务院、中央军委领导下，全党全军全国人民团结奋战，取得抗洪抢险斗争的全面胜利。

10月14日　中共十五届三中全会通过《关于农业和农村工作若干重大问题的决定》，提出到2010年建设有中国特色社会主义新农村的奋斗目标。

12月14日　国务院作出《关于建立城镇职工基本医疗保险制度的决定》。

本年　国家民委倡议发起"兴边富民行动"。

一九九九年

1月22日　国务院发布《失业保险条例》。

6月9日　江泽民在中央扶贫开发工作会议上讲话指出,组织扶贫开发,解决几亿人的温饱问题,是一项伟大的社会工程。实现和保障广大人民群众的生存权和发展权,是我们维护人权最基础、最首要的工作。不首先解决温饱问题,其他一切权利都难以实现。28日,中共中央、国务院作出《关于进一步加强扶贫开发工作的决定》。

6月13日　中共中央、国务院作出《关于深化教育改革全面推进素质教育的决定》。15日,江泽民在第三次全国教育工作会议上指出,广大农村人口能否接受良好的教育,是一个直接关系到农村实现小康和现代化的大问题。

6月17日　江泽民在西安主持召开西北地区国有企业改革和发展座谈会时讲话指出,实施西部大开发,是一项振兴中华的宏伟战略任务。没有西部地区的稳定就没有全国的稳定,没有西部地区的小康就没有全国的小康,没有西部地区的现代化就不能说实现了全国的现代化。要拿出过去开办经济特区那样的气魄来搞。2000年10月26日,国务院发出《关于实施西部大开发若干政策措施的通知》。2010年6月29日,中共中央、国务院印发《关于深入实施西部大开发战略的若干意见》。

9 月 18 日 国务院发布修订的《全国年节及纪念日放假办法》,全国法定节日放假时间由 7 天增加到 10 天。

本年 中央组织部、共青团中央决定选派"博士服务团"到西部地区锻炼服务。

二〇〇〇年

3月2日 中共中央、国务院发出《关于进行农村税费改革试点工作的通知》。

6月13日 中共中央、国务院印发《关于促进小城镇健康发展的若干意见》。

8月 经中共中央批准,国务院决定建立全国社会保障基金,进一步完善社会保障体系。

10月11日 中共十五届五中全会通过《关于制定国民经济和社会发展第十个五年计划的建议》。指出,从新世纪开始,我国将进入全面建设小康社会,加快推进社会主义现代化的新的发展阶段。我们已经实现现代化建设的前两步战略目标,经济和社会全面发展,人民生活总体上达到小康水平,开始实施第三步战略部署。

10月 我国全面实施天然林资源保护工程。

11月8日 贵州省洪家渡水电站、引子渡水电站、乌江渡水电站扩机工程同时开工建设,西电东送工程全面启动。

年末 除少数社会保障对象和生活在自然环境恶劣地区的特困人口,以及部分残疾人以外,全国农村贫困人口的温饱问题已经基本解决,《国家八七扶贫攻坚计划》确定的战略目标基本实现。

本年　中国国内生产总值达 100280 亿元,主要工农业产品产量位居世界前列,商品短缺状况基本结束,城乡居民收入大幅度增加,生活质量显著提升。

二〇〇一年

3月 经过三年努力,全国已通电行政村基本完成"村村通广播电视"的任务。

4月11日 国务院发出《关于进一步加快旅游业发展的通知》,提出进一步发挥旅游业作为国民经济新的增长点的作用。

6月13日 国务院印发《中国农村扶贫开发纲要(2001—2010年)》。随后,国家在中西部21个省、自治区、直辖市的少数民族地区、革命老区、边疆地区和特困地区确定592个县,作为国家扶贫开发工作重点县。

6月29日 青藏铁路开工典礼在青海格尔木和西藏拉萨同时举行。2006年7月1日,青藏铁路全线建成通车。

7月1日 江泽民在庆祝中国共产党成立80周年大会上发表讲话,总结党80年来的奋斗业绩和基本经验,阐述"三个代表"重要思想。强调,改革开放以来,我国的社会阶层构成发生了新的变化,出现了民营科技企业的创业人员和技术人员、受聘于外资企业的管理技术人员、个体户、私营企业主、中介组织的从业人员、自由职业人员等社会阶层。他们也是有中国特色社会主义事业的建设者。

9月20日 中共中央印发《公民道德建设实施纲要》,提出要把法制建设与道德建设、依法治国与以德治国紧密结合起来,逐步形成与发展社会主义市场经济相适应的社会主义道德体系。

10 月 27 日 九届全国人大常委会第二十四次会议通过《中华人民共和国职业病防治法》。

11 月 10 日 世界贸易组织第四届部长级会议审议并通过中国加入世界贸易组织的决定。12 月 11 日,中国正式成为世界贸易组织成员。

二〇〇二年

1月10日 国务院西部开发办公室召开退耕还林工作电视电话会议,确定全面启动退耕还林工程。12月14日,国务院发布《退耕还林条例》。2003年,退牧还草工程全面启动。

1月14日 江泽民在中共十六大文件起草组会议上讲话指出,21世纪头20年是必须紧紧抓住并且可以大有作为的战略机遇期,是我们实现祖国富强、人民富裕和民族复兴的关键时期。

6月29日 九届全国人大常委会第二十八次会议通过《中华人民共和国中小企业促进法》。

7月4日 西气东输一线工程(新疆轮南至上海)开工典礼举行。此后又建设了西气东输二线工程、三线工程。

8月29日 九届全国人大常委会第二十九次会议通过《中华人民共和国农村土地承包法》。

9月12日 江泽民在全国再就业工作会议上讲话指出,就业是民生之本。30日,中共中央、国务院发出《关于进一步做好下岗失业人员再就业工作的通知》,确立积极就业政策的基本框架。

10月19日 中共中央、国务院作出《关于进一步加强农村卫生工作的决定》。到 2008 年 6 月底,新型农村合作医疗制度覆盖到全国 31 个省、自治区、直辖市。

11 月 8 日—14 日 中国共产党第十六次全国代表大会举行。大会通过的报告《全面建设小康社会,开创中国特色社会主义事业新局面》,提出全面建设小康社会的奋斗目标,即在本世纪头 20 年,集中力量,全面建设惠及十几亿人口的更高水平的小康社会,使经济更加发展、民主更加健全、科教更加进步、文化更加繁荣、社会更加和谐、人民生活更加殷实,国内生产总值到 2020 年力争比 2000 年翻两番。大会通过《中国共产党章程(修正案)》,把"三个代表"重要思想同马克思列宁主义、毛泽东思想、邓小平理论一道确立为党的指导思想并载入党章。

12 月 5 日—6 日 胡锦涛带领中央书记处成员到西柏坡学习考察,重温毛泽东关于"两个务必"的重要论述,号召全党同志特别是领导干部大力发扬艰苦奋斗的作风,不断把人民群众利益实现好、维护好、发展好。

12 月 27 日 南水北调工程开工典礼在北京人民大会堂和江苏省、山东省施工现场同时举行。2013 年 11 月 15 日,南水北调东线一期工程正式通水。2014 年 12 月 12 日,南水北调中线一期工程正式通水。

二○○三年

1月5日 国务院办公厅发出《关于做好农民进城务工就业管理和服务工作的通知》。

1月8日 胡锦涛在中央农村工作会议上讲话指出,把解决好农业、农村和农民问题作为全党工作的重中之重。我们说现在达到的小康还是低水平的、不全面的、发展很不平衡的小康,差距也主要在农村。要坚持"多予、少取、放活"的方针;要充分发挥城市对农村的带动作用和农村对城市的促进作用,实现城乡经济社会一体化发展;要加大扶贫开发力度,提高扶贫开发成效,以改善生产生活条件和增加农民收入为核心,加快贫困地区脱贫步伐。16日,中共中央、国务院印发《关于做好农业和农村工作的意见》。

3月4日 胡锦涛在参加全国政协十届一次会议少数民族界委员联组讨论时指出,实现全面建设小康社会的宏伟目标,要求更好地实现各民族的共同繁荣发展。实现各民族共同繁荣发展,需要各民族共同团结奋斗。

3月8日 胡锦涛在参加十届全国人大一次会议江苏代表团审议时指出,在促进中西部地区加快发展的同时,仍然要进一步推动东部发达地区加快发展。有条件的地方发展得更快一些,努力在全面建设小康社会的基础上率先基本实现现代化,为全国实现全面建设小康社会的宏伟目标、进而基本实现现代化探索和积累经验。

春 我国遭遇非典型肺炎重大疫情。全党全国人民在中共中央、国务院领导下,坚持一手抓防治非典,一手抓经济建设,夺取了防治非典工作的重大胜利。7月28日,胡锦涛在全国防治非典工作会议上讲话,提出从长远看要进一步研究并切实抓好经济社会协调发展。

4月27日 国务院公布《工伤保险条例》。

5月9日 国务院公布《突发公共卫生事件应急条例》。2005年4月17日,国务院印发《国家突发公共事件总体应急预案》。

6月29日 《内地与香港关于建立更紧密经贸关系的安排》签署。10月17日,《内地与澳门关于建立更紧密经贸关系的安排》签署。

10月5日 中共中央、国务院印发《关于实施东北地区等老工业基地振兴战略的若干意见》。

10月14日 中共十六届三中全会通过《关于完善社会主义市场经济体制若干问题的决定》,明确完善社会主义市场经济体制的主要任务,提出坚持以人为本,树立全面、协调、可持续的发展观,促进经济社会和人的全面发展。

10月15日—16日 神舟五号载人飞船成功升空并安全返回,首次载人航天飞行获得圆满成功,中国成为世界上第三个独立掌握载人航天技术的国家。2008年9月27日,神舟七号载人飞船实施宇航员空间出舱活动,中国成为世界上第三个独立掌握空间出舱技术的国家。2012年6月18日、24

日,神舟九号载人飞船与天宫一号目标飞行器先后成功进行自动交会对接和航天员手控交会对接。

12月19日 胡锦涛在全国人才工作会议上讲话指出,小康大业,人才为本。实施人才强国战略,既是全面建设小康社会的重要内容,又是全面建设小康社会的重要保证。26日,中共中央、国务院作出《关于进一步加强人才工作的决定》。

12月31日 中共中央、国务院印发《关于促进农民增加收入若干政策的意见》。

二〇〇四年

1 月 5 日 中共中央印发《关于进一步繁荣发展哲学社会科学的意见》。

3 月 14 日 十届全国人大二次会议通过《中华人民共和国宪法修正案》,完善了土地征用制度、对私有财产保护的规定,将建立健全社会保障制度、尊重和保障人权等内容纳入宪法。

3 月 22 日 国务院印发《全面推进依法行政实施纲要》。

5 月 23 日 国务院印发《关于进一步深化粮食流通体制改革的意见》。指出,积极稳妥地放开粮食主产区的粮食收购市场和粮食收购价格;必要时可由国务院决定对短缺的重点粮食品种,在粮食主产区实行最低收购价格;建立对种粮农民直接补贴的机制。

5 月 26 日—27 日 中国政府与世界银行在上海共同召开首届全球扶贫大会,并发布《中国政府缓解和消除贫困的政策声明》。

9 月 19 日 中共十六届四中全会通过《关于加强党的执政能力建设的决定》,提出构建社会主义和谐社会的重大战略任务,把提高构建社会主义和谐社会的能力确定为加强党的执政能力建设的重要内容。

同日　胡锦涛在中共十六届四中全会第三次全体会议上讲话指出,综观一些工业化国家发展历程,在工业化初始阶段,农业支持工业、为工业提供积累是带有普遍性的趋向;但在工业化达到相当程度以后,工业反哺农业、城市支持农村,实现工业与农业、城市与农村协调发展,也是带有普遍性的趋向。

11月1日—3日　全国扶贫开发工作会议在西安召开。提出,大力实施"整村推进"扶贫计划,着力改善贫困村的基本生产生活条件和生态环境。

12月31日　中共中央、国务院印发《关于进一步加强农村工作提高农业综合生产能力若干政策的意见》。

二〇〇五年

1月26日　国务院常务会议审议并原则通过《青海三江源自然保护区生态保护和建设总体规划》。

2月19日　胡锦涛在省部级主要领导干部提高构建社会主义和谐社会能力专题研讨班上讲话指出，我们所要建设的社会主义和谐社会，应该是民主法治、公平正义、诚信友爱、充满活力、安定有序、人与自然和谐相处的社会。

同日　国务院印发《关于鼓励支持和引导个体私营等非公有制经济发展的若干意见》，从放宽非公有制经济市场准入、加大对非公有制经济的财税金融支持等方面提出36项政策措施。

3月12日　胡锦涛在中央人口资源环境工作座谈会上讲话指出，要大力推进循环经济，建设资源节约型、环境友好型社会。

3月14日　十届全国人大三次会议通过《反分裂国家法》，明确国家绝不允许"台独"分裂势力以任何名义、任何方式把台湾从中国分裂出去。

5月31日　中共中央、国务院作出《关于进一步加强民族工作加快少数民族和民族地区经济社会发展的决定》。

10月11日　中共十六届五中全会通过《关于制定国民

经济和社会发展第十一个五年规划的建议》。提出,在优化结构、提高效益和降低消耗的基础上,实现 2010 年人均国内生产总值比 2000 年翻一番;单位国内生产总值能源消耗比"十五"期末降低 20%左右。全会还提出建设社会主义新农村的重大历史任务。

10 月 27 日 十届全国人大常委会第十八次会议通过《关于修改〈中华人民共和国个人所得税法〉的决定》。

12 月 23 日 中共中央、国务院印发《关于深化文化体制改革的若干意见》。

12 月 24 日 国务院发出《关于深化农村义务教育经费保障机制改革的通知》。提出,从 2006 年开始,全部免除西部地区农村义务教育阶段学生学杂费,2007 年扩大到中部和东部地区;对贫困家庭学生免费提供教科书并补助寄宿生生活费。2008 年 7 月 30 日,国务院常务会议决定,从 2008 年秋季学期开始,在全国范围内全部免除城市义务教育阶段学生学杂费。

12 月 29 日 十届全国人大常委会第十九次会议决定,自 2006 年 1 月 1 日起废止《中华人民共和国农业税条例》。在中国延续两千多年的农业税正式成为历史。

12 月 31 日 中共中央、国务院印发《关于推进社会主义新农村建设的若干意见》。指出,要按照生产发展、生活宽裕、乡风文明、村容整洁、管理民主的要求,协调推进农村经济建设、政治建设、文化建设、社会建设和党的建设。

本年 中国国内生产总值达到 18.73 万亿元,比 2000 年增长 59.6%;中国进出口贸易总额达到 1.42 万亿美元,跃居世界第三位；城镇居民人均可支配收入和农村居民人均可支配收入分别达到 10382 元和 3370 元，人民生活明显改善。

二〇〇六年

1月26日　中共中央、国务院作出《关于实施科技规划纲要增强自主创新能力的决定》,提出增强自主创新能力,努力建设创新型国家。

1月31日　国务院印发《关于解决农民工问题的若干意见》。指出,要逐步建立城乡统一的劳动力市场和公平竞争的就业制度,保障农民工合法权益的政策体系和执法监督机制,惠及农民工的城乡公共服务体制和制度。

4月15日　中共中央、国务院印发《关于促进中部地区崛起的若干意见》。提出,要把中部地区建设成全国重要的粮食生产基地、能源原材料基地、现代装备制造及高技术产业基地和综合交通运输枢纽。2012年8月27日,国务院印发《关于大力实施促进中部地区崛起战略的若干意见》。

10月11日　中共十六届六中全会通过《关于构建社会主义和谐社会若干重大问题的决定》。指出,社会和谐是中国特色社会主义的本质属性。必须坚持以人为本,始终把最广大人民的根本利益作为党和国家一切工作的出发点和落脚点,做到发展为了人民、发展依靠人民、发展成果由人民共享,促进人的全面发展。

二〇〇七年

3月16日　十届全国人大五次会议通过《中华人民共和国物权法》和《中华人民共和国企业所得税法》。

3月19日　国务院印发《关于加快发展服务业的若干意见》。

4月14日　中国成功发射第一颗北斗二号导航卫星,正式开始独立自主建设我国第二代卫星导航系统。

6月3日　国务院印发《中国应对气候变化国家方案》。这是中国第一部应对气候变化的全面的政策性文件,也是发展中国家颁布的第一部应对气候变化的国家方案。

6月29日　十届全国人大常委会第二十八次会议通过《中华人民共和国劳动合同法》。

7月10日　国务院印发《关于开展城镇居民基本医疗保险试点的指导意见》,旨在逐步建立以大病统筹为主的城镇居民基本医疗保险制度。

7月11日　国务院发出《关于在全国建立农村最低生活保障制度的通知》。指出,将符合条件的农村贫困人口全部纳入保障范围,稳定、持久、有效地解决全国农村贫困人口的温饱问题。

8月7日　国务院印发《关于解决城市低收入家庭住房

困难的若干意见》,提出加快建立健全以廉租住房制度为重点、多渠道解决城市低收入家庭住房困难的政策体系。

8月21日 中共中央办公厅、国务院办公厅印发《关于加强公共文化服务体系建设的若干意见》。指出,要坚持把建设的重心放在基层和农村,着力提高公共文化产品供给能力,着力解决人民群众最关心、最直接、最现实的基本文化权益问题,推动文化建设与经济建设、政治建设、社会建设协调发展。

8月30日 十届全国人大常委会第二十九次会议通过《中华人民共和国就业促进法》。

10月15日—21日 中国共产党第十七次全国代表大会举行。大会通过的报告《高举中国特色社会主义伟大旗帜,为夺取全面建设小康社会新胜利而奋斗》,全面阐述科学发展观的科学内涵、精神实质和根本要求,明确科学发展观第一要义是发展,核心是以人为本,基本要求是全面协调可持续,根本方法是统筹兼顾。大会通过《中国共产党章程(修正案)》,把科学发展观写入党章。大会提出了实现全面建设小康社会奋斗目标的新要求,将中共十六大提出的国内生产总值到2020年力争比2000年翻两番的经济增长目标,调整为实现人均国内生产总值到2020年比2000年翻两番。

10月24日 中国第一颗绕月探测卫星嫦娥一号成功发射,11月5日进入环月轨道,标志着中国首次月球探测工程取得圆满成功。2010年10月1日,嫦娥二号成功发射。

12月14日 国务院发布《职工带薪年休假条例》。

同日 国务院发布《关于修改〈全国年节及纪念日放假

办法〉的决定》,将清明节、端午节、中秋节等传统节日纳入国家法定节假日。

12 月 29 日　十届全国人大常委会第三十一次会议通过《中华人民共和国劳动争议调解仲裁法》。

二〇〇八年

1月23日　中央宣传部、财政部、文化部、国家文物局发出《关于全国博物馆、纪念馆免费开放的通知》。2011年1月，文化部、财政部印发《关于推进全国美术馆、公共图书馆、文化馆（站）免费开放工作的意见》。

1月29日　胡锦涛在十七届中央政治局第三次集体学习时讲话指出，实现全面建设小康社会奋斗目标的新要求，一个突出的特点，就是要贯彻以人为本的理念，顺应各族人民过上更好生活的新期待，注重解决人民最关心、最直接、最现实的利益问题，努力使全体人民学有所教、劳有所得、病有所医、老有所养、住有所居。

3月28日　中共中央、国务院印发《关于促进残疾人事业发展的意见》。

5月12日　四川汶川发生里氏8.0级特大地震。在中共中央、国务院、中央军委领导下，我国组织开展了历史上救援速度最快、动员范围最广、投入力量最大的抗震救灾斗争，夺取了抗震救灾斗争的重大胜利。

6月5日　国务院印发《国家知识产权战略纲要》。

6月8日　中共中央、国务院印发《关于全面推进集体林权制度改革的意见》，规定林地的承包期为70年，承包期届满可以按照国家有关规定继续承包。

8月1日 中国第一条拥有完全自主知识产权、具有世界一流水平的高速铁路——京津城际铁路通车运营。到2020年底,全国高速铁路营业里程达3.8万公里。

8月8日—24日、9月6日—17日 第29届夏季奥运会、第13届夏季残奥会先后在北京成功举办。这是中国首次举办夏季奥运会、残奥会。

10月7日 中央政治局常委会会议专题听取有关国际金融危机情况和应采取应对措施的汇报。11月5日,国务院召开常务会议,研究部署进一步扩大内需促进经济平稳较快增长的措施。此前,9月中旬,由2007年美国次贷危机引发的国际金融危机全面爆发。

10月12日 中共十七届三中全会通过《关于推进农村改革发展若干重大问题的决定》。指出,现有土地承包关系要保持稳定并长久不变,坚决守住18亿亩耕地红线,促进城乡经济社会发展一体化。

二〇〇九年

年初 我国实行新的扶贫标准,新标准提高到农民人均年纯收入 1196 元,扶贫对象覆盖 4007 万人。

2月28日 十一届全国人大常委会第七次会议通过《中华人民共和国食品安全法》。

3月17日 中共中央、国务院印发《关于深化医药卫生体制改革的意见》。指出,实行政事分开、管办分开、医药分开、营利性和非营利性分开,建设覆盖城乡居民的基本医疗卫生制度。

7月5日 国务院印发《关于进一步繁荣发展少数民族文化事业的若干意见》。

7月22日 国务院常务会议讨论并原则通过《文化产业振兴规划》。文化产业提升为国家的战略性产业。

9月1日 国务院印发《关于开展新型农村社会养老保险试点的指导意见》。2011 年 6 月 7 日,国务院印发《关于开展城镇居民社会养老保险试点的指导意见》。到 2012 年 7 月 1 日,我国基本实现社会养老保险制度全覆盖。

9月19日 国务院印发《关于进一步促进中小企业发展的若干意见》。2012 年 4 月 19 日,国务院印发《关于进一步支持小型微型企业健康发展的意见》。

12 月 1 日　国务院印发《关于加快发展旅游业的意见》，提出把旅游业培育成国民经济的战略性支柱产业和人民群众更加满意的现代服务业。

12 月 31 日　中共中央、国务院印发《关于加大统筹城乡发展力度进一步夯实农业农村发展基础的若干意见》，要求把统筹城乡发展作为全面建设小康社会的根本要求。

二〇一〇年

3 月 14 日　十一届全国人大三次会议通过《关于修改〈中华人民共和国全国人民代表大会和地方各级人民代表大会选举法〉的决定》。由此,全国实行城乡按相同人口比例选举人大代表。

4 月 30 日　2010 年上海世界博览会举行开幕式。这是中国首次举办综合性世界博览会。10 月 31 日,博览会闭幕。

6 月 29 日　海峡两岸关系协会与台湾海峡交流基金会在重庆签署《海峡两岸经济合作框架协议》。

7 月 8 日　中共中央、国务院印发《国家中长期教育改革和发展规划纲要(2010—2020 年)》。

10 月 10 日　国务院作出《关于加快培育和发展战略性新兴产业的决定》。

10 月 18 日　中共十七届五中全会通过《关于制定国民经济和社会发展第十二个五年规划的建议》,对全面建设小康社会作出全面部署,明确提出"十二五"规划的主题是科学发展,主线是加快转变经济发展方式。

10 月 28 日　十一届全国人大常委会第十七次会议通过《中华人民共和国社会保险法》。

12 月 21 日　国务院印发《全国主体功能区规划》。这是新中国成立以来第一个全国性国土空间开发规划。

本年 中国国内生产总值超过 40 万亿元,成为世界第二大经济体。

二〇一一年

2 月 25 日 十一届全国人大常委会第十九次会议通过《中华人民共和国非物质文化遗产法》。

2 月 26 日 国务院办公厅发出《关于积极稳妥推进户籍管理制度改革的通知》。指出,要落实放宽中小城市和小城镇落户条件的政策,引导非农产业和农村人口有序向中小城市和建制镇转移,逐步实现城乡基本公共服务均等化。

3 月 14 日 十一届全国人大四次会议批准的全国人大常委会工作报告宣布,以宪法为统帅,以宪法相关法、民法商法等多个法律部门的法律为主干,由法律、行政法规、地方性法规等多个层次的法律规范构成的中国特色社会主义法律体系已经形成。

5 月 27 日 中共中央、国务院印发《中国农村扶贫开发纲要(2011—2020 年)》。11 月 29 日,中央扶贫开发工作会议宣布,中央决定将农民人均年纯收入 2300 元(2010 年不变价)作为新的国家扶贫标准。

7 月 5 日 中共中央、国务院印发《关于加强和创新社会管理的意见》。

9 月 17 日 国务院印发《中国老龄事业发展"十二五"规划》,提出努力实现老有所养、老有所医、老有所教、老有所学、老有所为、老有所乐的工作目标,让广大老年人共享改革发展成果。

10月18日 中共十七届六中全会通过《关于深化文化体制改革推动社会主义文化大发展大繁荣若干重大问题的决定》,提出坚持中国特色社会主义文化发展道路、努力建设社会主义文化强国的战略任务。

二〇一二年

1月12日 国务院印发《关于实行最严格水资源管理制度的意见》。

6月27日 蛟龙号载人潜水器最大下潜深度达到7062米。中国海底载人科学研究和资源勘探能力达到国际领先水平。

6月28日 国务院印发《节能与新能源汽车产业发展规划（2012—2020年）》。到2020年底，我国节能与新能源汽车累计产销量超过500万辆。

7月2日 中共中央、国务院印发《关于深化科技体制改革加快国家创新体系建设的意见》。

7月6日 胡锦涛在全国科技创新大会上讲话指出，必须把创新驱动发展作为面向未来的一项重大战略，一以贯之、长期坚持，推动科技实力、经济实力、综合国力实现新的重大跨越。

9月25日 中国第一艘航空母舰辽宁舰正式交付海军。

11月8日—14日 中国共产党第十八次全国代表大会举行。大会通过的报告《坚定不移沿着中国特色社会主义道路前进，为全面建成小康社会而奋斗》，强调要在十六大、十七大确立的全面建设小康社会目标的基础上努力实现新的要求:经济持续健康发展,人民民主不断扩大,文化软实力显著增强,人民生活水平全面提高,资源节约型、环境友好型社会建设取得重大进展。大会通过《中国共产党章程(修正案)》,把科学发展观同马克思列宁主义、毛泽东思想、邓小平理论、"三个代表"重要思想一道确立为党的指导思想并载入党章。

11月15日 习近平在十八届中央政治局常委同中外记者见面时指出,人民对美好生活的向往,就是我们的奋斗目标。

11月29日 习近平在国家博物馆参观《复兴之路》展览时指出,实现中华民族伟大复兴,就是中华民族近代以来最伟大的梦想。2013年3月17日,习近平在十二届全国人大一次会议闭幕会上讲话指出,实现中华民族伟大复兴的中国梦,就是要实现国家富强、民族振兴、人民幸福。实现中国梦,必须走中国道路、弘扬中国精神、凝聚中国力量。

12月4日 中央政治局会议通过《十八届中央政治局关于改进工作作风、密切联系群众的八项规定》。

12月7日—11日 习近平在广东考察工作期间讲话指出,我国改革已经进入攻坚期和深水区,我们必须以更大的政治勇气和智慧,不失时机深化重要领域改革。要坚持改革开放正确方向,敢于啃硬骨头,敢于涉险滩,既勇于冲破思想观念的障碍,又勇于突破利益固化的藩篱,做到改革不停顿、开放不止步。

12月29日 习近平在河北考察时指出,全面建成小康社会,最艰巨最繁重的任务在农村、特别是在贫困地区。没有农村的小康,特别是没有贫困地区的小康,就没有全面建成小康社会。

二〇一三年

1月17日 习近平在新华社《网民呼吁遏制餐饮环节"舌尖上的浪费"》材料上作出批示,要求厉行节约、反对浪费。11月18日,中共中央、国务院印发《党政机关厉行节约反对浪费条例》。依据条例,党政机关经费管理、国内差旅、因公临时出国(境)、培训、公务接待、公务用车、会议活动、办公用房、基层党建活动、资源节约等方面的党内法规和规范性文件相继出台。

2月3日 国务院批转国家发展改革委等部门《关于深化收入分配制度改革的若干意见》,提出城乡居民收入实现倍增、收入分配差距逐步缩小、收入分配秩序明显改善、收入分配格局趋于合理等主要目标。2016年10月10日,国务院印发《关于激发重点群体活力带动城乡居民增收的实施意见》。

4月24日 为适应职能转变新要求,国务院常务会议决定先行取消和下放71项行政审批事项。到2020年底,国务院围绕协同推进简政放权、放管结合、优化服务(简称"放管服")改革,先后取消和下放国务院部门行政审批事项的比例达47%,彻底终结非行政许可审批,压减国务院部门行政审批中介服务事项达71%。工商登记前置审批事项压减87%。

我国营商环境明显改善,全球营商环境排名明显提升。

4月26日 中国成功发射高分辨率对地观测系统首星高分一号。此后,又成功发射高分二号至高分十四号卫星,初步构成中国自主高分辨率对地观测系统并形成体系能力。到2020年底,高分遥感数据在20多个行业、30多个区域得到广泛应用。

5月13日 习近平就改善农村人居环境作出指示,要求认真总结浙江省开展"千村示范万村整治"工程的经验并加以推广。

5月15日 国务院常务会议决定进一步提高重点高校招收农村学生比例。"十三五"时期,重点高校招收农村和贫困地区学生专项累计达52.5万人。

7月4日 国务院印发《关于加快棚户区改造工作的意见》。"十三五"时期,全国棚改累计开工超过2300万套,帮助5000多万居民实现安居梦。

7月9日、16日 国务院召开经济形势座谈会,明确提出区间调控思路,即经济运行要保持在合理区间,经济增长率、就业水平等不滑出"下限",物价涨幅等不超出"上限"。此后,在2014年、2015年又相继提出实施定向调控、相机调控和精准调控。

7月29日 国务院办公厅转发教育部等部门《关于实施教育扶贫工程的意见》。此后,建档立卡贫困家庭学生实现从入学到毕业的全程全部资助,教育扶贫阻断贫困代际传递成效显著。

8月1日 国务院印发《"宽带中国"战略及实施方案》,

提出围绕加快转变经济发展方式和全面建成小康社会的总体要求,将宽带网络作为国家战略性公共基础设施。"十三五"时期,中国建成全球规模最大的光纤和4G网络,千兆光纤覆盖家庭超过1亿户;行政村通4G和光纤比例均超过99.9%。

8月17日 国务院正式批准设立中国(上海)自由贸易试验区。到2020年8月,自贸试验区试点由上海逐步扩大到21个省(自治区、直辖市)。

8月19日 习近平在全国宣传思想工作会议上讲话指出,要巩固马克思主义在意识形态领域的指导地位,巩固全党全国人民团结奋斗的共同思想基础。我们正在进行具有许多新的历史特点的伟大斗争,面临的挑战和困难前所未有,必须坚持巩固壮大主流思想舆论,弘扬主旋律,传播正能量,激发全社会团结奋进的强大力量。

9月6日 国务院印发《关于加快发展养老服务业的若干意见》。2019年3月29日,国务院办公厅印发《关于推进养老服务发展的意见》。到2020年底,全国养老机构3.8万个,各类机构和社区养老床位823.8万张。

9月7日、10月3日 习近平分别在哈萨克斯坦纳扎尔巴耶夫大学、印度尼西亚国会发表演讲,先后提出共同建设"丝绸之路经济带"与"21世纪海上丝绸之路",即"一带一路"倡议。

9月29日 《中国(上海)自由贸易试验区外商投资准入特别管理措施(负面清单)(2013年)》发布。这是中国第一次用负面清单管理外商对华投资。2020年6月发布的《自由贸易试验区外商投资准入特别管理措施(负面清单)(2020

年版)》,清单条目已由 2013 年的 190 条减至 30 条。

11 月 3 日—5 日 习近平在湖南考察时提出"精准扶贫"理念。12 月 18 日,中共中央办公厅、国务院办公厅印发《关于创新机制扎实推进农村扶贫开发工作的意见》,提出建立精准扶贫工作机制等。

11 月 12 日 中共十八届三中全会通过《关于全面深化改革若干重大问题的决定》。指出,全面深化改革的总目标是完善和发展中国特色社会主义制度,推进国家治理体系和治理能力现代化。经济体制改革核心问题是处理好政府和市场的关系,使市场在资源配置中起决定性作用和更好发挥政府作用。

12 月 2 日 嫦娥三号发射成功并于 14 日在月面成功软着陆。2018 年 12 月 8 日,嫦娥四号探测器成功发射,2019 年 1 月 3 日实现世界首次月球背面软着陆,并开展就位探测与巡视探测。2020 年 11 月 24 日,嫦娥五号探测器成功发射,并于 12 月 17 日携带月球样品安全返回着陆。

12 月 10 日 习近平在中央经济工作会议上提出"新常态"。2014 年 12 月 9 日,习近平在中央经济工作会议上讲话指出,我国经济正在向形态更高级、分工更复杂、结构更合理的阶段演化,经济发展进入新常态;认识新常态,适应新常态,引领新常态,是当前和今后一个时期我国经济发展的大逻辑。

12 月 11 日 中共中央办公厅印发《关于培育和践行社会主义核心价值观的意见》。指出,富强、民主、文明、和谐,自由、平等、公正、法治,爱国、敬业、诚信、友善,是社会主义核心价值观的基本内容。

12 月 12 日 习近平在首次中央城镇化工作会议上讲话指出,城镇化是现代化的必由之路,推进城镇化既要积极、又要稳妥、更要扎实,方向要明,步子要稳,措施要实。2014 年 3 月 12 日,中共中央、国务院印发《国家新型城镇化规划（2014—2020 年）》。

12 月 21 日 中共中央、国务院印发《关于调整完善生育政策的意见》,提出单独两孩的政策。2015 年 12 月 31 日,中共中央、国务院作出《关于实施全面两孩政策改革完善计划生育服务管理的决定》。2016 年 1 月 1 日,修改后的《中华人民共和国人口与计划生育法》正式实施,明确国家提倡一对夫妻生育两个子女。2021 年 5 月 31 日,中央政治局会议审议《关于优化生育政策促进人口长期均衡发展的决定》,提出实施一对夫妻可以生育三个子女政策及配套支持措施。

12 月 23 日 习近平在中央农村工作会议上讲话强调,小康不小康,关键看老乡。农村还是全面建成小康社会的短板。中国要强,农业必须强;中国要美,农村必须美;中国要富,农民必须富。2014 年 1 月 2 日,中共中央、国务院印发《关于全面深化农村改革加快推进农业现代化的若干意见》,提出抓紧构建新形势下国家粮食安全战略。

本 年 中国第三产业增加值比重首次超过第二产业,达到 46.1%。2015 年,中国第三产业增加值比重为 50.5%,首次突破 50%。

本 年 中国成为世界第一货物贸易大国,货物进出口总额为 4.16 万亿美元。

二〇一四年

1月21日 国务院印发《国家集成电路产业发展推进纲要》，提出到2030年，集成电路产业链主要环节达到国际先进水平，实现跨越发展。2020年7月27日，国务院印发《新时期促进集成电路产业和软件产业高质量发展的若干政策》。

2月7日 国务院印发《注册资本登记制度改革方案》，明确"实缴制"改为"认缴制"，企业年检制度改为年报公示制度。

2月21日 国务院公布《社会救助暂行办法》，确立完整清晰的社会救助制度体系。

同日 国务院印发《关于建立统一的城乡居民基本养老保险制度的意见》。2015年1月3日，国务院作出《关于机关事业单位工作人员养老保险制度改革的决定》。2018年5月30日，国务院发出《关于建立企业职工基本养老保险基金中央调剂制度的通知》。到2021年3月底，全国基本养老保险参保人数已超过10亿，达到10.07亿人。

2月26日 习近平主持召开座谈会听取京津冀协同发展专题汇报，提出实现京津冀协同发展是一个重大国家战略。2015年6月9日，中共中央、国务院印发《京津冀协同发展规划纲要》。

2月27日 习近平在中央网络安全和信息化领导小组第一次会议上讲话指出，努力把我国建设成为网络强国，强调要把握好网上舆论引导的时、度、效，使网络空间清朗起来。

3月4日 习近平在关于农村公路发展情况的报告上作出批示，要求进一步把农村公路建好、管好、护好、运营好。到2020年底，全国农村公路总里程达到438万公里，贫困地区具备条件的乡镇和建制村全部通硬化路、通客车、通邮路。

3月19日 中共中央办公厅、国务院办公厅印发《关于深化司法体制和社会体制改革的意见》。改革的重点是完善司法人员分类管理制度、完善司法责任制、健全司法人员职业保障、推动省以下地方法院检察院人财物统一管理等。

4月2日 国务院扶贫办印发《扶贫开发建档立卡工作方案》。建档立卡在中国扶贫史上第一次实现贫困信息精准到村到户到人。

4月15日 习近平在中央国家安全委员会第一次会议上讲话指出，要坚持总体国家安全观，走出一条中国特色国家安全道路。2015年7月1日，十二届全国人大常委会第十五次会议通过《中华人民共和国国家安全法》。

4月24日 十二届全国人大常委会第八次会议通过修订后的《中华人民共和国环境保护法》。此后，中国还制定或修改环境保护税法、大气污染防治法、水污染防治法、土壤污染防治法和核安全法等法律。

5月2日 国务院作出《关于加快发展现代职业教育的决定》。2019年1月24日，国务院印发《国家职业教育改革实施方案》。

5月28日　习近平在第二次中央新疆工作座谈会上讲话指出,要围绕社会稳定和长治久安这个总目标,坚持依法治疆、团结稳疆、长期建疆,努力建设团结和谐、繁荣富裕、文明进步、安居乐业的社会主义新疆。

5月30日　国务院常务会议决定对已出台政策措施落实情况开展第一次全面督查。此后,国务院每年开展大督查。2019年4月,国务院"互联网+督查"平台正式上线运行。2020年12月,国务院公布《政府督查工作条例》。

6月30日　中央政治局会议审议通过《深化财税体制改革总体方案》。改革的目标是建立现代财政制度,重点是改进预算管理制度、深化税收制度改革、建立事权和支出责任相适应的制度。

7月24日　国务院印发《关于进一步推进户籍制度改革的意见》。"十三五"时期,1亿农业转移人口和其他常住人口在城镇落户目标顺利实现。

8月1日　国务院批复同意将10月17日设立为"扶贫日"。10月10日,习近平在首个"扶贫日"到来之际作出批示,强调全党全社会要继续共同努力,形成扶贫开发工作强大合力。

9月12日　国务院印发《关于进一步做好为农民工服务工作的意见》。

9月19日　中共中央办公厅、国务院办公厅印发《关于推动传统媒体和新兴媒体融合发展的指导意见》。

9月28日　习近平在中央民族工作会议暨国务院第六

次全国民族团结进步表彰大会上讲话指出,要积极培养中华民族共同体意识。强调必须加快发展,实现跨越式发展,确保民族地区如期全面建成小康社会。10月12日,中共中央、国务院印发《关于加强和改进新形势下民族工作的意见》。

10月15日 习近平主持召开文艺工作座谈会,强调只有牢固树立马克思主义文艺观,真正做到了以人民为中心,文艺才能发挥最大正能量。2015年10月3日,中共中央印发《关于繁荣发展社会主义文艺的意见》。

10月23日 中共十八届四中全会通过《关于全面推进依法治国若干重大问题的决定》。指出,全面推进依法治国,总目标是建设中国特色社会主义法治体系,建设社会主义法治国家。

10月31日 国务院印发《关于扶持小型微型企业健康发展的意见》。

11月1日 十二届全国人大常委会第十一次会议通过《关于设立国家宪法日的决定》,将12月4日设立为国家宪法日。

11月6日 中共中央办公厅、国务院办公厅印发《关于引导农村土地经营权有序流转发展农业适度规模经营的意见》。2016年10月22日,中共中央办公厅、国务院办公厅印发《关于完善农村土地所有权承包权经营权分置办法的意见》。"三权分置"是继家庭联产承包责任制后农村改革的又一重大制度创新。

11月17日 上海与香港股票市场交易互联互通机制"沪港通"正式启动。2016年12月、2017年7月又相继启动

"深港通"、"债券通"等。

12 月 13 日—14 日 习近平在江苏考察工作期间讲话指出,要主动把握和积极适应经济发展新常态,协调推进全面建成小康社会、全面深化改革、全面依法治国、全面从严治党。2015 年 2 月 2 日,习近平在省部级主要领导干部学习贯彻党的十八届四中全会精神全面推进依法治国专题研讨班上系统阐述"四个全面"战略布局。

12 月 31 日 中共中央办公厅、国务院办公厅印发《关于农村土地征收、集体经营性建设用地入市、宅基地制度改革试点工作的意见》。2015 年起在 33 个县(市、区)开展试点。

二〇一五年

1月1日 全国338个地级及以上城市开始开展空气质量新标准监测,并向社会发布包括细颗粒物(PM2.5)在内的6项指标的实时监测数据和空气质量指数。中国是世界上第一个大规模开展PM2.5治理的发展中大国。

1月5日 中共中央印发《关于加强社会主义协商民主建设的意见》,对新形势下开展政党协商、人大协商、政府协商、政协协商、人民团体协商、基层协商、社会组织协商等作出全面部署,推进社会主义协商民主广泛多层制度化发展。

1月6日 国务院印发《关于促进云计算创新发展培育信息产业新业态的意见》。8月31日,国务院印发《促进大数据发展行动纲要》。

1月20日 国务院印发《关于加快推进残疾人小康进程的意见》。9月22日,国务院印发《关于全面建立困难残疾人生活补贴和重度残疾人护理补贴制度的意见》。2017年2月7日,国务院公布《残疾预防和残疾人康复条例》。

2月13日 习近平在陕西延安主持召开陕甘宁革命老区脱贫致富座谈会时讲话强调,确保老区人民同全国人民一道进入全面小康社会。此后,习近平于2015年在贵阳召开部分省区市扶贫攻坚与"十三五"时期经济社会发展座谈会、

2016 年在银川召开东西部扶贫协作座谈会、2017 年在太原召开深度贫困地区脱贫攻坚座谈会、2018 年在成都召开打好精准脱贫攻坚战座谈会、2019 年在重庆召开解决"两不愁三保障"突出问题座谈会、2020 年在北京召开决战决胜脱贫攻坚座谈会。到 2021 年 2 月,习近平 50 多次调研扶贫工作,走遍 14 个集中连片特困地区,了解真扶贫、扶真贫、脱真贫的实际情况。

2 月 28 日 习近平会见第四届全国文明城市、文明村镇、文明单位和未成年人思想道德建设工作先进代表时强调,人民有信仰,民族有希望,国家有力量。实现中华民族伟大复兴的中国梦,物质财富要极大丰富,精神财富也要极大丰富。

3 月 7 日 国务院批复设立中国(杭州)跨境电子商务综合试验区。此后,又先后批复在天津、北京等 104 个城市和地区设立跨境电子商务综合试验区。

3 月 13 日 中共中央、国务院印发《关于深化体制机制改革加快实施创新驱动发展战略的若干意见》。2016 年 1 月 18 日,中共中央、国务院印发《国家创新驱动发展战略纲要》。2020 年,中国全球创新指数排名从 2015 年的第 29 位跃升至第 14 位。

4 月 27 日 国务院印发《关于进一步做好新形势下就业创业工作的意见》。"十三五"时期,城镇新增就业超过 6000 万人。

4 月 29 日 中央组织部等部门发出《关于做好选派机关优秀干部到村任第一书记工作的通知》。2017 年 12 月 18 日,中共中央办公厅、国务院办公厅印发《关于加强贫困村驻村工作队选派管理工作的指导意见》。到 2020 年底,全国累计选派 25.5 万个驻村工作队、300 多万名第一书记和驻村干部,同近 200 万名乡镇干部和数百万村干部一道奋战在扶贫一线,1800 多名党员、干部为脱贫攻坚献出生命。

5 月 1 日 全国法院实行立案登记制,对依法应当受理的案件,做到有案必立、有诉必理,保证当事人诉权。

5 月 4 日 国务院印发《关于大力发展电子商务加快培育经济新动力的意见》。10 月 23 日,国务院印发《关于促进快递业发展的若干意见》。

6 月 11 日 国务院印发《关于大力推进大众创业万众创新若干政策措施的意见》,并确定从 2015 年起,每年举办大众创业万众创新活动周。2016 年、2017 年、2020 年,国务院办公厅确定三批共 212 个双创示范基地。

7 月 1 日 国务院印发《关于积极推进“互联网+”行动的指导意见》。

7 月 31 日 北京获得第 24 届冬季奥运会举办权。

8 月 1 日 国务院印发《全国海洋主体功能区规划》。至此,我国主体功能区战略实现陆域国土空间和海域国土空间的全覆盖。

8 月 24 日 习近平在中央第六次西藏工作座谈会上讲话指出,必须坚持治国必治边、治边先稳藏的战略思想,坚持依法治藏、富民兴藏、长期建藏、凝聚人心、夯实基础的重要原则,不断增进各族群众对伟大祖国、中华民族、中华文化、中国共产党、中国特色社会主义的认同。

同日 中共中央、国务院印发《关于深化国有企业改革的指导意见》。此后,有关加强国有企业党的建设、国有企业分类改革、发展混合所有制经济、完善国资监管体制、防止国有资产流失、完善法人治理结构等多个配套文件陆续出台。

8月30日　中共中央办公厅、国务院办公厅印发《环境保护督察方案(试行)》,正式建立中央生态环境保护督察制度。自2019年6月6日起,《中央生态环境保护督察工作规定》施行。

9月8日　国务院办公厅印发《关于推进分级诊疗制度建设的指导意见》。

10月12日　中共中央、国务院印发《关于推进价格机制改革的若干意见》。到2017年底,97%以上的商品和服务价格已实现市场调节。

10月24日　国务院印发《统筹推进世界一流大学和一流学科建设总体方案》。

10月26日—29日　中共十八届五中全会召开。全会指出,"十三五"时期是全面建成小康社会决胜阶段。全会通过《关于制定国民经济和社会发展第十三个五年规划的建议》,对全面建成小康社会提出新的目标要求,把农村贫困人口脱贫作为全面建成小康社会的基本标志,强调实施精准扶贫、精准脱贫,确保我国现行标准下农村贫困人口实现脱贫、贫困县全部摘帽、解决区域性整体贫困。29日,习近平在全会第二次全体会议上阐述新发展理念,强调坚持创新发展、协调发展、绿色发展、开放发展、共享发展,是关系我国发展全局的一场深刻变革。

11月25日　国务院发出《关于进一步完善城乡义务教

育经费保障机制的通知》。

11 月 27 日、28 日　《〈内地与香港关于建立更紧密经贸关系的安排〉服务贸易协议》、《〈内地与澳门关于建立更紧密经贸关系的安排〉服务贸易协议》分别签署,内地与香港、澳门服务贸易自由化基本实现。

11 月 27 日—28 日　中央扶贫开发工作会议召开。习近平讲话强调,打赢脱贫攻坚战,要做到"六个精准",解决好"扶持谁"、"谁来扶"、"怎么扶"、"如何退"的问题,实施"五个一批"工程,加快形成中央统筹、省(自治区、直辖市)负总责、市(地)县抓落实的扶贫开发工作机制,形成五级书记抓扶贫、全党动员促攻坚的局面。29 日,中共中央、国务院作出《关于打赢脱贫攻坚战的决定》。

12 月 9 日　中央全面深化改革领导小组第十九次会议审议通过《中国三江源国家公园体制试点方案》。此后,中央又批准大熊猫国家公园、东北虎豹国家公园、海南热带雨林国家公园等试点。2019 年 6 月 15 日,中共中央办公厅、国务院办公厅印发《关于建立以国家公园为主体的自然保护地体系的指导意见》。

12 月 18 日　习近平在中央经济工作会议上讲话强调,推进供给侧结构性改革,是适应和引领经济发展新常态的重大创新。要实行宏观政策要稳、产业政策要准、微观政策要活、改革政策要实、社会政策要托底的总体思路,着力加强结构性改革,在适度扩大总需求的同时,去产能、去库存、去杠杆、降成本、补短板,推动我国社会生产力水平整体改善。

12 月 20 日　习近平在中央城市工作会议上讲话指出,

要坚持人民城市为人民，着力提高城市发展持续性、宜居性。24日，中共中央、国务院印发《关于深入推进城市执法体制改革改进城市管理工作的指导意见》。2016年2月6日，中共中央、国务院印发《关于进一步加强城市规划建设管理工作的若干意见》。

12月23日 中共中央办公厅、国务院办公厅印发《关于加大脱贫攻坚力度支持革命老区开发建设的指导意见》。

同日 随着青海果洛、玉树网外无电地区通电工程全部竣工投运，中国解决了最后9614户共3.98万无电人口用电问题。

12月25日 中共中央印发《关于建立健全党和国家功勋荣誉表彰制度的意见》。

12月31日 国务院印发《推进普惠金融发展规划（2016—2020年）》。

本年 中国对外直接投资流量为1456.7亿美元，实际利用外资1356亿美元，首次成为资本净输出国。

本年 "十二五"规划主要目标任务完成。中国国内生产总值68.9万亿元，人均国内生产总值49922元。年末常住人口城镇化率为57.33%。城镇居民人均可支配收入31195元，农村居民人均可支配收入11422元。

二〇一六年

1月3日 国务院印发《关于整合城乡居民基本医疗保险制度的意见》。"十三五"时期,我国基本医疗保险参保人数达 13.6 亿人。

1月5日 习近平在重庆召开的推动长江经济带发展座谈会上讲话指出,推动长江经济带发展是国家一项重大区域发展战略,要坚持生态优先、绿色发展,共抓大保护、不搞大开发。5 月 30 日,中共中央、国务院印发《长江经济带发展规划纲要》。2018 年 4 月 26 日,习近平在武汉主持召开深入推动长江经济带发展座谈会。2020 年 11 月 14 日,习近平在南京主持召开全面推动长江经济带发展座谈会。

2月4日 国务院印发《关于加强农村留守儿童关爱保护工作的意见》。6 月 13 日,国务院印发《关于加强困境儿童保障工作的意见》。2018 年 6 月 21 日,国务院印发《关于建立残疾儿童康复救助制度的意见》。

2月19日 习近平主持召开党的新闻舆论工作座谈会,指出在新的时代条件下,党的新闻舆论工作要把坚持正确政治方向放在第一位。

3月10日 国务院公布《全国社会保障基金条例》。2017 年 11 月 9 日,国务院印发《划转部分国有资本充实社保基金实施方案》。

3月24日 中央政治局常委会会议听取关于北京城市副中心和疏解北京非首都功能集中承载地有关情况的汇报，确定疏解北京非首都功能集中承载地新区规划选址并同意定名为"雄安新区"。5月27日，习近平在中央政治局会议上讲话指出，建设北京城市副中心和雄安新区两个新城，形成北京新的两翼，是千年大计、国家大事。2017年3月28日，中共中央、国务院发出通知，决定设立河北雄安新区。2019年1月11日，北京市级行政中心正式迁入北京城市副中心，办公区位于通州潞城镇。

4月19日 习近平主持召开网络安全和信息化工作座谈会，强调推进网络强国建设，让互联网更好造福国家和人民。

同日 农业部等部门印发《贫困地区发展特色产业促进精准脱贫指导意见》。到2021年2月，产业帮扶政策覆盖98.9%的贫困户。

4月23日 中共中央办公厅、国务院办公厅印发《关于建立贫困退出机制的意见》。

4月25日 习近平在安徽凤阳县小岗村主持召开农村改革座谈会时讲话指出，新形势下深化农村改革，主线仍然是处理好农民和土地的关系。最大的政策，就是必须坚持和完善农村基本经营制度，坚持农村土地集体所有，坚持家庭经营基础性地位，坚持稳定土地承包关系。

5月17日 习近平主持召开哲学社会科学工作座谈会，提出要着力构建中国特色哲学社会科学，强调坚定中国特色社会主义道路自信、理论自信、制度自信,说到底是要坚定文化自信,文化自信是更基本、更深沉、更持久的力量。2017年3月5日,中共中央印发《关于加快构建中国特色哲学社会科学的意见》。

同日 国务院办公厅印发《关于加快培育和发展住房租赁市场的若干意见》,提出要以建立购租并举的住房制度为主要方向,健全以市场配置为主、政府提供基本保障的住房租赁体系。2021年6月24日,印发《关于加快发展保障性租赁住房的意见》。

7月5日 中共中央、国务院印发《关于深化投融资体制改革的意见》。新一轮投融资体制改革全面展开。

8月16日 中国成功发射世界首颗量子科学实验卫星"墨子号"。

8月19日—20日 全国卫生与健康大会召开。习近平讲话强调,要把人民健康放在优先发展的战略地位,加快推进健康中国建设,努力全方位、全周期保障人民健康。10月17日,中共中央、国务院印发《"健康中国2030"规划纲要》。"十三五"时期,我国居民人均预期寿命达到77.3岁,主要健康指标优于中高收入国家平均水平。

9月17日 国务院办公厅转发民政部等部门《关于做好农村最低生活保障制度与扶贫开发政策有效衔接的指导意见》。到2020年底,全国共有1936万建档立卡贫困人口纳入低保或者特困供养。

9月20日 国家发展改革委印发《全国"十三五"易地扶贫搬迁规划》。到2020年底,全国易地扶贫搬迁规划建设任务全面完成,960 多万易地搬迁贫困人口全部入住并实现脱贫。

9 月 25 日 国务院印发《关于加快推进"互联网+政务服务"工作的指导意见》。2018 年 7 月,印发《关于加快推进全国一体化在线政务服务平台建设的指导意见》。2019 年 4 月,公布《关于在线政务服务的若干规定》。

同日 具有中国自主知识产权的世界最大单口径巨型射电望远镜——500 米口径球面射电望远镜(FAST)在贵州平塘落成启动。

10 月 1 日 人民币正式加入国际货币基金组织特别提款权货币篮子。

10 月 10 日 习近平在全国国有企业党的建设工作会议上讲话指出,要坚持党对国有企业的领导不动摇,坚定不移把国有企业做强做优做大。

10 月 17 日 神舟十一号载人飞船发射升空。在轨飞行期间,两名航天员在天宫二号与神舟十一号组合体内开展了为期 30 天的驻留,完成一系列空间科学实验和技术试验,11 月 18 日成功返回。

10 月 24 日—27 日 中共十八届六中全会召开。全会通过《关于新形势下党内政治生活的若干准则》和《中国共产党党内监督条例》。全会明确习近平总书记党中央的核心、全党的核心地位,号召全党同志紧密团结在以习近平同志为核心的党中央周围,牢固树立政治意识、大局意识、核心意识、看齐意识,坚定不移维护党中央权威和党中央集中统一领导。

10 月 27 日 中共中央办公厅、国务院办公厅印发《关于进一步加强东西部扶贫协作工作的指导意见》。

11 月 4 日 中共中央、国务院印发《关于完善产权保护制度依法保护产权的意见》。

11 月 7 日 十二届全国人大常委会第二十四次会议通过《中华人民共和国网络安全法》。

11 月 28 日 中共中央办公厅、国务院办公厅印发《关于全面推行河长制的意见》。2017 年 12 月 26 日,印发《关于在湖泊实施湖长制的指导意见》。2018 年 6 月、12 月,河长制、湖长制全面建立。2020 年 12 月 28 日,中共中央办公厅、国务院办公厅印发《关于全面推行林长制的意见》。

12 月 12 日 习近平在会见第一届全国文明家庭代表时讲话强调,要注重家庭、家教、家风,推动形成爱国爱家、相亲相爱、向上向善、共建共享的社会主义家庭文明新风尚。

12 月 14 日 习近平在中央经济工作会议上讲话强调,促进房地产市场平稳健康发展,要坚持"房子是用来住的、不是用来炒的"这个定位。

12 月 25 日 十二届全国人大常委会第二十五次会议通过《中华人民共和国公共文化服务保障法》。

12 月 26 日 中共中央、国务院印发《关于稳步推进农村集体产权制度改革的意见》。

二〇一七年

1月9日　中共中央、国务院印发《关于加强耕地保护和改进占补平衡的意见》。

1月24日　中共中央办公厅、国务院办公厅印发《关于实施中华优秀传统文化传承发展工程的意见》。

同日　中共中央办公厅、国务院办公厅印发《关于划定并严守生态保护红线的若干意见》。2019年10月24日，中共中央办公厅、国务院办公厅印发《关于在国土空间规划中统筹划定落实三条控制线的指导意见》。

4月23日　国务院办公厅印发《关于推进医疗联合体建设和发展的指导意见》，要求促进医疗卫生工作重心下移和资源下沉，提升医疗服务体系整体效能。2018年4月25日，国务院办公厅印发《关于促进"互联网+医疗健康"发展的意见》。

5月5日　中国自主研制的C919大型客机首飞成功。这是中国首款按照最新国际适航标准研制、具有完全自主知识产权的干线民用飞机。

5月18日　南海神狐海域天然气水合物（又称可燃冰）试采成功。中国成为世界上首个成功试采海域天然气水合物的国家。

6月21日　国务院常务会议部署发展分享经济,培育壮大新动能。

6月25日　中国标准动车组被命名为"复兴号"并于26日投入运行。中国高速动车组技术实现全面自主化。

7月1日　习近平出席在香港举行的《深化粤港澳合作推进大湾区建设框架协议》签署仪式。建设粤港澳大湾区成为国家战略。2018年7月12日,中共中央、国务院印发《粤港澳大湾区发展规划纲要》。

同日　中国全面实施检察机关提起公益诉讼制度。

7月8日　国务院印发《新一代人工智能发展规划》。

7月14日—15日　全国金融工作会议召开。会议决定设立国务院金融稳定发展委员会。会议围绕服务实体经济、防控金融风险、深化金融改革"三位一体"的金融工作主题作出部署。

8月31日　国家医保异地结算系统与所有省份和新疆生产建设兵团以及医疗保险统筹地区连通。9月底,全面完成全国联网和跨省直接结算。

9月25日　中共中央办公厅、国务院办公厅印发《关于支持深度贫困地区脱贫攻坚的实施意见》,明确新增的脱贫攻坚资金、项目、举措主要用于"三区三州"等深度贫困地区。

10月18日—24日　中国共产党第十九次全国代表大会举行。大会通过的报告《决胜全面建成小康社会,夺取新时代中国特色社会主义伟大胜利》,作出中国特色社会主义进入新时代、我国社会主要矛盾已经转化为人民日益增长的美好生活需要和不平衡不充分的发展之间的矛盾等重大政治论断,确立习近平新时代中国特色社会主义思想的历史地位,提出新时代坚持和发展中国特色社会主义的基本方略。大会确定决胜全面建成小康社会、开启全面建设社会主义现代化国家新征程的目标,从2020年到本世纪中叶可以分两个阶段来安排:第一个阶段,从2020年到2035年,在全面建成小康社会的基础上,再奋斗15年,基本实现社会主义现代化。第二个阶段,从2035年到本世纪中叶,在基本实现现代化的基础上,再奋斗15年,把我国建成富强民主文明和谐美丽的社会主义现代化强国。大会通过《中国共产党章程(修正案)》,把习近平新时代中国特色社会主义思想同马克思列宁主义、毛泽东思想、邓小平理论、"三个代表"重要思想、科学发展观一道确立为党的指导思想并载入党章。

10月25日 习近平在十九届中央政治局常委同中外记者见面时指出,2020年,我们将全面建成小康社会。全面建成小康社会,一个也不能少;共同富裕路上,一个也不能掉队。

10月27日 中央政治局会议审议通过《中共中央政治局关于加强和维护党中央集中统一领导的若干规定》。指出,中央政治局要带头树立"四个意识",严格遵守党章和党内政治生活准则,全面落实党的十九大关于加强和维护党中央集中统一领导的各项要求,自觉在以习近平同志为核心的党中央集中统一领导下履行职责、开展工作,坚决维护习近平总书记作为党中央的核心、全党的核心地位。根据《规定》,中央政治局全体同志每年向党中央和习近平总书记书面述职一次。这成为加强和维护党中央集中统一领导的重要制度安排。

11 月 5 日 北斗三号第一、二颗组网卫星以"一箭双星"方式成功发射,标志着北斗卫星导航系统全球组网的开始。这是和美国全球定位系统(GPS)、俄罗斯格洛纳斯系统、欧洲伽利略系统并列的全球卫星导航系统。2018 年 12 月 27 日,北斗三号基本系统宣告建成,并开始提供全球服务。2020 年 7 月 31 日,北斗三号全球卫星导航系统建成暨开通仪式举行。

11 月 19 日 国务院作出《关于废止〈中华人民共和国营业税暂行条例〉和修改〈中华人民共和国增值税暂行条例〉的决定》,营业税改征增值税改革全面完成。通过实施营改增、下调增值税税率、阶段性减免社保缴费等措施,近年来持续大规模减税降费,"十三五"时期新增减税降费累计达 7.6 万亿元。

11 月 21 日 习近平作出指示强调,厕所问题不是小事情,要努力补齐这块影响群众生活品质的短板。到 2020 年底,全国农村卫生厕所普及率达 68%以上。

12 月 18 日—20 日 中央经济工作会议召开。习近平讲话指出,推动高质量发展是当前和今后一个时期确定发展思路、制定经济政策、实施宏观调控的根本要求。这次会议总结并阐述了习近平新时代中国特色社会主义经济思想。会议宣布我国已经形成世界上人口最多的中等收入群体。

12 月 28 日 习近平在中央农村工作会议上强调,实施乡村振兴战略是新时代做好"三农"工作的总抓手。2018 年 1 月 2 日、6 月 26 日,中共中央、国务院先后印发《关于实施乡村振兴战略的意见》、《乡村振兴战略规划(2018—2022 年)》。

二〇一八年

1月11日 中共中央、国务院发出《关于开展扫黑除恶专项斗争的通知》。到 2020 年 12 月底,全国打掉涉黑组织 3644 个、涉恶犯罪集团 11675 个。2021 年 3 月 29 日,全国扫黑除恶专项斗争总结表彰大会召开。

1月18日 国家发展改革委等部门印发《生态扶贫工作方案》。到 2020 年底,累计从建档立卡贫困人口中选聘 110.2 万名生态护林员,带动 300 多万贫困人口增收脱贫,新增林草资源管护面积近 9 亿亩,实现生态保护和脱贫增收双赢。

1月23日 中共中央办公厅、国务院办公厅印发《农村人居环境整治三年行动方案》。

2月28日 中共十九届三中全会通过《关于深化党和国家机构改革的决定》和《深化党和国家机构改革方案》。2019 年 7 月 5 日,习近平在深化党和国家机构改革总结会议上讲话指出,深化党和国家机构改革是对党和国家组织结构和管理体制的一次系统性、整体性重构,为完善和发展中国特色社会主义制度、推进国家治理体系和治理能力现代化提供了有力组织保障。

3月11日 十三届全国人大一次会议通过《中华人民共

和国宪法修正案》，确立科学发展观、习近平新时代中国特色社会主义思想在国家政治和社会生活中的指导地位。

3月20日 十三届全国人大一次会议通过《中华人民共和国监察法》。23日，中华人民共和国国家监察委员会在北京揭牌。

4月11日 中共中央、国务院印发《关于支持海南全面深化改革开放的指导意见》，赋予海南经济特区改革开放新使命，建设自由贸易试验区和中国特色自由贸易港。

4月16日 中华人民共和国应急管理部挂牌成立。11月9日，习近平向国家综合性消防救援队伍授旗并致训词。到2021年5月，国家综合性消防救援队伍共营救和疏散遇险群众144.2万余人。

同日 中华人民共和国退役军人事务部挂牌成立。2020年11月11日，十三届全国人大常委会第二十三次会议通过《中华人民共和国退役军人保障法》。

4月20日—21日 全国网络安全和信息化工作会议召开。习近平讲话指出，我们不仅走出一条中国特色治网之道，而且提出一系列新思想新观点新论断，形成了网络强国战略思想。

4月27日 十三届全国人大常委会第二次会议通过《中华人民共和国英雄烈士保护法》。

5月18日—19日 全国生态环境保护大会召开。习近平讲话提出新时代推进生态文明建设的原则，强调要加快构建生态文明体系。大会总结并阐述了习近平生态文明思想。党的十八大以来，我国加快推进生态文明顶层设计和制度体系建设,相继出台《关于加快推进生态文明建设的意见》、《生态文明体制改革总体方案》等,对生态文明建设进行全面系统部署安排。推动绿色发展,深入实施大气、水、土壤污染防治三大行动计划,率先发布《中国落实2030年可持续发展议程国别方案》,实施《国家应对气候变化规划(2014—2020年)》,向联合国交存《巴黎协定》批准文书。

6月11日 中共中央办公厅、国务院办公厅印发《国税地税征管体制改革方案》,改革国税地税征管体制,合并省级和省级以下国税地税机构。

6月15日 中共中央、国务院印发《关于打赢脱贫攻坚战三年行动的指导意见》。

同日 国务院办公厅发出《关于做好证明事项清理工作的通知》。到2019年4月底,清理工作基本完成,各地区各部门共取消证明事项1.3万多项。

6月16日 中共中央、国务院印发《关于全面加强生态环境保护坚决打好污染防治攻坚战的意见》。

6月27日 国务院印发《打赢蓝天保卫战三年行动计划》。2020年,全国地级及以上城市空气质量优良天数比例为87%,比2015年上升5.8个百分点;PM$_{2.5}$平均浓度为33微克/立方米,比2015年下降28.3%。

8月 《习近平扶贫论述摘编》出版发行。

9月10日 习近平在全国教育大会上讲话指出,教育是国之大计、党之大计,要培养德智体美劳全面发展的社会主义建设者和接班人,加快推进教育现代化、建设教育强国、办好人民满意的教育。12月8日,中共中央、国务院印发《中国教育现代化 2035》。"十三五"时期,我国学前三年毛入园率达到 85.2%,九年义务教育巩固率 95.2%,高中阶段教育毛入学率达 91.2%,高等教育毛入学率提升到 54.4%,进入普及化阶段。

9 月 23 日　广深港高铁全线开通运营,香港正式接入国家高铁网络。

9 月 27 日　国务院发出《关于在全国推开"证照分离"改革的通知》。2021 年 5 月,发出《关于深化"证照分离"改革进一步激发市场主体发展活力的通知》,部署在全国范围内实施涉企经营许可事项全覆盖清单管理。

9 月 28 日　习近平在主持召开深入推进东北振兴座谈会时讲话强调,以新气象新担当新作为推进东北振兴,形成对国家重大战略的坚强支撑。

10 月 1 日　中共中央、国务院印发《关于保持土地承包关系稳定并长久不变的意见》。

10 月 23 日　港珠澳大桥正式开通。

10 月—11 月　十九届中央第二轮巡视对 13 个省区市、13 个中央单位开展脱贫攻坚专项巡视。

11 月 1 日　习近平在主持召开民营企业座谈会时讲话指出,我们强调把公有制经济巩固好、发展好,同鼓励、支持、引导非公有制经济发展不是对立的,而是有机统一的。各级党委和政府要把构建亲清新型政商关系的要求落到实处,把支持民营企业发展作为一项重要任务。2019 年 12 月 4 日,中共中央、国务院印发《关于营造更好发展环境支持民营企业改革发展的意见》。

11 月 5 日—10 日　首届中国国际进口博览会在上海举行。习近平出席开幕式并发表主旨演讲时指出,中国国际进口博览会是迄今为止世界上第一个以进口为主题的国家级展会,是中国推动建设开放型世界经济、支持经济全球化的实际行动;宣布增设中国(上海)自由贸易试验区的新片区、在上海证券交易所设立科创板并试点注册制、支持长江三角洲区域一体化发展并上升为国家战略。2019 年 11 月、2020 年 11 月,第二届、第三届中国国际进口博览会先后举行。

12 月 18 日　习近平在庆祝改革开放 40 周年大会上讲话指出,改革开放是党和人民大踏步赶上时代的重要法宝,是坚持和发展中国特色社会主义的必由之路,是决定当代中国命运的关键一招,也是决定实现"两个一百年"奋斗目标、实现中华民族伟大复兴的关键一招。

二〇一九年

1月1日 我国开始全面实施综合与分类相结合的个人所得税改革。

1月27日 国务院印发《关于在市场监管领域全面推行部门联合"双随机、一公开"监管的意见》。9月6日,国务院印发《关于加强和规范事中事后监管的指导意见》。

1月31日 中共中央印发《关于加强党的政治建设的意见》,进一步将坚决做到"两个维护"作为加强党的政治建设的首要任务。

3月6日 中共中央办公厅发出《关于解决形式主义突出问题为基层减负的通知》。2020年4月13日,发出《关于持续解决困扰基层的形式主义问题为决胜全面建成小康社会提供坚强作风保证的通知》。

3月15日 十三届全国人大二次会议通过《中华人民共和国外商投资法》。12月26日,国务院公布《中华人民共和国外商投资法实施条例》。

3月27日 中共中央办公厅、国务院办公厅印发《关于促进中小企业健康发展的指导意见》。

4月15日 中共中央、国务院印发《关于建立健全城乡融合发展体制机制和政策体系的意见》,提出建立健全有利于城乡要素合理配置、城乡基本公共服务普惠共享、城乡基础设施一体化发展、乡村经济多元化发展、农民收入持续增长的体制机制。

5月2日 中共中央、国务院印发《关于新时代推进西部大开发形成新格局的指导意见》。

5月9日 中共中央、国务院印发《关于建立国土空间规划体系并监督实施的若干意见》。

同日 中共中央、国务院印发《关于深化改革加强食品安全工作的意见》。

5月30日 中共中央、国务院印发《长江三角洲区域一体化发展规划纲要》。

6月2日 习近平对垃圾分类工作作出指示强调,推行垃圾分类,关键是要加强科学管理、形成长效机制、推动习惯养成。

6月6日 工业和信息化部向四家运营商颁发5G牌照,中国通信行业进入5G时代。到2020年底,我国已建成全球最大5G网络,开通5G基站超过71.8万个,5G终端连接数超过2亿。

6月23日 中共中央、国务院印发《国家积极应对人口老龄化中长期规划》。

8月9日 中共中央、国务院印发《关于支持深圳建设中国特色社会主义先行示范区的意见》。

8月19日 中共中央印发《中国共产党农村工作条例》。

9月18日 习近平在郑州主持召开黄河流域生态保护和高质量发展座谈会时讲话指出,黄河流域生态保护和高质量发展是重大国家战略,要共同抓好大保护,协同推进大治理,让黄河成为造福人民的幸福河。2020 年 10 月 5 日,中共中央、国务院印发《黄河流域生态保护和高质量发展规划纲要》。

9 月 25 日　北京大兴国际机场正式投入运营。

10 月 1 日　习近平在庆祝中华人民共和国成立 70 周年大会上讲话指出,今天,社会主义中国巍然屹立在世界东方,没有任何力量能够撼动我们伟大祖国的地位,没有任何力量能够阻挡中国人民和中华民族的前进步伐。

10 月 17 日　中共中央、国务院印发《新时代公民道德建设实施纲要》。31 日,印发《新时代爱国主义教育实施纲要》。

10 月 20 日　中共中央、国务院印发《关于促进中医药传承创新发展的意见》。

10 月 22 日　国务院公布《优化营商环境条例》。

10 月 31 日　中共十九届四中全会通过《关于坚持和完善中国特色社会主义制度、推进国家治理体系和治理能力现代化若干重大问题的决定》,总结我国国家制度和国家治理体系的历史性成就和显著优势,阐释支撑中国特色社会主义制度的根本制度、基本制度、重要制度,提出坚持和完善中国特色社会主义制度、推进国家治理体系和治理能力现代化的总体目标。

11 月 19 日　中共中央、国务院印发《关于推进贸易高质量发展的指导意见》。

12 月 17 日　中国第一艘国产航空母舰山东舰交付海军。

12 月 30 日 国务院公布《保障农民工工资支付条例》，规范农民工工资支付行为，保障农民工按时足额获得工资。

本年 中国人均国内生产总值首次突破 1 万美元。

二〇二〇年

1月2日 中共中央、国务院印发《关于抓好"三农"领域重点工作确保如期实现全面小康的意见》。

1月7日 习近平在主持召开中央政治局常委会会议时,对做好2019年12月27日以来湖北武汉监测发现的不明原因肺炎疫情防控工作提出要求。新冠肺炎疫情是新中国成立以来我国遭遇的传播速度最快、感染范围最广、防控难度最大的一次重大突发公共卫生事件,也是百年来全球发生的最严重的传染病大流行。疫情发生后,党中央将疫情防控作为头等大事来抓。习近平亲自指挥、亲自部署,坚持把人民生命安全和身体健康放在第一位,带领全党全军全国各族人民迅速打响疫情防控的人民战争、总体战、阻击战,取得了全国抗疫斗争重大战略成果。

2月22日 中共中央办公厅、国务院办公厅印发《关于构建现代环境治理体系的指导意见》。

2月23日 统筹推进新冠肺炎疫情防控和经济社会发展工作部署会议召开。习近平讲话强调,要变压力为动力、善于化危为机,有序恢复生产生活秩序,强化"六稳"举措,加大政策调节力度,把我国发展的巨大潜力和强大动能充分释放出来。4月17日,中央政治局会议提出,在加大"六稳"工作力度的同时,全面落实"六保"任务。在一系列政策作用下,2020年中国国内生产总值首次突破100万亿元,成为全球唯一实现经济正增长的主要经济体。

2月25日 中共中央、国务院印发《关于深化医疗保障制度改革的意见》。

3月6日 决战决胜脱贫攻坚座谈会召开。习近平讲话强调,要动员全党全国全社会力量,凝心聚力打赢脱贫攻坚战,确保如期完成脱贫攻坚目标任务,确保全面建成小康社会。11月23日,我国最后9个贫困县实现贫困退出。

3月30日 习近平在浙江考察时强调,"绿水青山就是金山银山"理念已经成为全党全社会的共识和行动,成为新发展理念的重要组成部分。

同日 中共中央、国务院印发《关于构建更加完善的要素市场化配置体制机制的意见》,提出推进土地要素市场化配置、引导劳动力要素合理畅通有序流动、推进资本要素市场化配置、加快发展技术要素市场、加快培育数据要素市场等举措。

4月10日 习近平在中央财经委员会第七次会议上提出,要构建以国内大循环为主体、国内国际双循环相互促进的新发展格局。

5月11日 中共中央、国务院印发《关于新时代加快完善社会主义市场经济体制的意见》。

5月28日 十三届全国人大三次会议通过《中华人民共和国民法典》。这是新中国成立以来第一部以"法典"命名的法律,是新时代我国社会主义法治建设的重大成果。

6月30日 十三届全国人大常委会第二十次会议通过《中华人民共和国香港特别行政区维护国家安全法》。

7月23日 中国首次火星探测任务天问一号探测器成功发射,迈出了我国自主开展行星探测第一步。2021年5月15日,天问一号成功着陆火星。22日,祝融号火星车驶抵火星表面并开展科学巡测,标志着首次火星探测任务取得圆满成功。

8月7日 习近平对制止餐饮浪费行为作出指示强调,坚决制止餐饮浪费行为,切实培养节约习惯,在全社会营造浪费可耻、节约为荣的氛围。2021年4月29日,十三届全国人大常委会第二十八次会议通过《中华人民共和国反食品浪费法》。

8月28日 习近平在中央第七次西藏工作座谈会上讲话强调,面对新形势新任务,必须全面贯彻新时代党的治藏方略,铸牢中华民族共同体意识,努力建设团结富裕文明和谐美丽的社会主义现代化新西藏。

9月8日 习近平在全国抗击新冠肺炎疫情表彰大会上讲话指出,在这场同严重疫情的殊死较量中,中国人民和中华民族以敢于斗争、敢于胜利的大无畏气概,铸就了生命至上、举国同心、舍生忘死、尊重科学、命运与共的伟大抗疫精神。要在全社会大力弘扬伟大抗疫精神,使之转化为全面建设社会主义现代化国家、实现中华民族伟大复兴的强大力量。

9月17日 国务院常务会议确定推进与企业发展、群众生活密切相关的高频事项"跨省通办"的措施。24日,国务院办公厅印发《关于加快推进政务服务"跨省通办"的指导意见》,提出 140 项"跨省通办"事项清单。

9 月 25 日 习近平在第三次中央新疆工作座谈会上讲话强调,要完整准确贯彻新时代党的治疆方略,牢牢扭住新疆工作总目标,依法治疆、团结稳疆、文化润疆、富民兴疆、长期建疆,努力建设团结和谐、繁荣富裕、文明进步、安居乐业、生态良好的新时代中国特色社会主义新疆。

10 月 26 日—29 日 中共十九届五中全会召开。全会指出,决胜全面建成小康社会取得决定性成就。全会通过《关于制定国民经济和社会发展第十四个五年规划和二〇三五年远景目标的建议》。全会提出,"十四五"时期是我国全面建成小康社会、实现第一个百年奋斗目标之后,乘势而上开启全面建设社会主义现代化国家新征程、向第二个百年奋斗目标进军的第一个五年。要坚定不移贯彻创新、协调、绿色、开放、共享的新发展理念,以推动高质量发展为主题,加快构建以国内大循环为主体、国内国际双循环相互促进的新发展格局。29 日,习近平在全会第二次全体会议上讲话指出,进入新发展阶段,是中华民族伟大复兴历史进程的大跨越。

11 月 15 日 中国与东盟十国及日本、韩国、澳大利亚、新西兰共同签署《区域全面经济伙伴关系协定》。

11 月 16 日—17 日 中央全面依法治国工作会议召开。习近平讲话强调,坚定不移走中国特色社会主义法治道路,为全面建设社会主义现代化国家、实现中华民族伟大复兴的中国梦提供有力法治保障。会议总结并阐述了习近平法治思想。12 月 1 日,中共中央印发《法治中国建设规划(2020—2025 年)》。

11 月 28 日 "奋斗者"号全海深载人潜水器成功完成万米海试并胜利返航。

12 月 16 日 中共中央、国务院印发《关于实现巩固拓展脱贫攻坚成果同乡村振兴有效衔接的意见》。

12 月 26 日 十三届全国人大常委会第二十四次会议通过《中华人民共和国长江保护法》。这是首部全国性流域立法。

12 月 28 日 习近平在中央农村工作会议上讲话强调,全党务必充分认识新发展阶段做好"三农"工作的重要性和紧迫性,坚持把解决好"三农"问题作为全党工作重中之重,举全党全社会之力推动乡村振兴。2021 年 1 月 4 日,中共中央、国务院印发《关于全面推进乡村振兴加快农业农村现代化的意见》。

12 月 30 日 习近平在中央全面深化改革委员会第十七次会议上讲话指出,全面深化改革取得历史性伟大成就,要坚定改革信心,汇聚改革合力,推动新发展阶段改革取得更大突破。中共十八届三中全会召开 7 年多来,各方面共推出 2485 个改革方案,全会提出的改革目标任务总体如期完成。

本年 中国粮食总产量为 13390 亿斤,喜获"十七连丰"。

本年 "十三五"规划主要目标任务完成。中国国内生产总值达 101.6 万亿元,稳居世界第二位。人均国内生产总值连续两年超过 1 万美元。年末常住人口城镇化率达到 63.89%。城镇居民人均可支配收入 43834 元,农村居民人均可支配收入 17131 元。

二〇二一年

1 月 22 日　国务院办公厅印发《关于推动药品集中带量采购工作常态化制度化开展的意见》。药品集中带量采购工作从 2018 年在北京、上海等 11 个城市试点并逐步扩展到全国,到 2020 年,节约费用总体上超过 1000 亿元,进一步减轻了群众用药负担。

1 月 24 日　国务院印发《关于新时代支持革命老区振兴发展的意见》。

1 月 30 日　全球第一台"华龙一号"核电机组——福建福清核电 5 号机组投入商业运行。

2 月 2 日　国务院印发《关于加快建立健全绿色低碳循环发展经济体系的指导意见》。

2 月 20 日　党史学习教育动员大会召开。习近平讲话指出,在全党开展党史学习教育,是党中央立足党的百年历史新起点、统筹中华民族伟大复兴战略全局和世界百年未有之大变局、为动员全党全国满怀信心投身全面建设社会主义现代化国家而作出的重大决策。全党同志要做到学史明理、学史增信、学史崇德、学史力行,学党史、悟思想、办实事、开新局。

2 月 25 日　全国脱贫攻坚总结表彰大会召开。习近平宣告,我国脱贫攻坚战取得了全面胜利,现行标准下9899万农村贫困人口全部脱贫,832个贫困县全部摘帽,12.8万个贫困村全部出列,区域性整体贫困得到解决,完成了消除绝对贫困的艰巨任务。习近平讲话指出,脱贫攻坚伟大斗争,锻造形成了上下同心、尽锐出战、精准务实、开拓创新、攻坚克难、不负人民的脱贫攻坚精神。我们走出了一条中国特色减贫道路,形成了中国特色反贫困理论。脱贫摘帽不是终点,而是新生活、新奋斗的起点。解决发展不平衡不充分问题、缩小城乡区域发展差距、实现人的全面发展和全体人民共同富裕仍然任重道远。要切实做好巩固拓展脱贫攻坚成果同乡村振兴有效衔接各项工作,让脱贫基础更加稳固、成效更可持续。我国提前10年实现《联合国2030年可持续发展议程》减贫目标,创造了减贫治理的中国样本,为全球减贫事业作出了重大贡献。

3月11日 十三届全国人大四次会议通过《关于修改〈中华人民共和国全国人民代表大会组织法〉的决定》、《关于修改〈中华人民共和国全国人民代表大会议事规则〉的决定》、《关于完善香港特别行政区选举制度的决定》。

4月6日 国务院新闻办发布《人类减贫的中国实践》白皮书。

4月14日 国务院常务会议通过《中华人民共和国市场主体登记管理条例》。近年来通过推进商事制度等改革,市场主体不断培育壮大,登记在册的市场主体总数由2012年的近5500万户增加到2021年4月的1.43亿户,增长1.6倍。

4月23日 中共中央、国务院印发《关于新时代推动中部地区高质量发展的意见》。

同日 中共中央、国务院印发《关于支持浦东新区高水平改革开放打造社会主义现代化建设引领区的意见》。

4月29日 十三届全国人大常委会第二十八次会议通过《中华人民共和国乡村振兴促进法》。

同日 中国空间站天和核心舱发射成功,标志着我国空间站建造进入全面实施阶段。5月29日,天舟二号货运飞船发射成功。30日,天舟二号货运飞船与天和核心舱完成自主快速交会对接。

5月11日 国家统计局公布第七次全国人口普查主要数据,截至2020年11月1日零时,全国人口共141178万人。

5月14日 习近平在河南南阳主持召开推进南水北调后续工程高质量发展座谈会时讲话强调,南水北调工程事关战略全局、事关长远发展、事关人民福祉。进入新发展阶段、贯彻新发展理念、构建新发展格局,形成全国统一大市场和畅通的国内大循环,促进南北方协调发展,需要水资源的有力支撑。

5月20日 中共中央、国务院印发《关于支持浙江高质量发展建设共同富裕示范区的意见》。

6月17日 神舟十二号载人飞船发射升空,与天和核心舱完成自主快速交会对接。三名航天员先后进入天和核心舱,标志着中国人首次进入自己的空间站。

6月25日 西藏首条电气化铁路——川藏铁路拉萨至林芝段开通运营,"复兴号"列车实现对31个省(自治区、直辖市)的全覆盖。

6月28日　金沙江白鹤滩水电站首批机组投产发电。这是当今世界在建规模最大、技术难度最高的水电工程。

7月1日　庆祝中国共产党成立100周年大会举行。习近平宣告,经过全党全国各族人民持续奋斗,我们实现了第一个百年奋斗目标,在中华大地上全面建成了小康社会,历史性地解决了绝对贫困问题,正在意气风发向着全面建成社会主义现代化强国的第二个百年奋斗目标迈进。这是中华民族的伟大光荣,这是中国人民的伟大光荣,这是中国共产党的伟大光荣。习近平讲话指出,初心易得,始终难守。以史为鉴,可以知兴替。我们要用历史映照现实、远观未来,从中国共产党的百年奋斗中看清楚过去我们为什么能够成功、弄明白未来我们怎样才能继续成功,从而在新的征程上更加坚定、更加自觉地牢记初心使命、开创美好未来。回首过去,展望未来,有中国共产党的坚强领导,有全国各族人民的紧密团结,全面建成社会主义现代化强国的目标一定能够实现,中华民族伟大复兴的中国梦一定能够实现。

责任编辑：郑仲书

图书在版编目（CIP）数据

全面建成小康社会大事记/中共中央党史和文献研究院 编. —北京：
　人民出版社，2021.7
ISBN 978－7－01－023633－9

Ⅰ.①全…　Ⅱ.①中…　Ⅲ.①小康建设-大事记-中国　Ⅳ.①F124.7

中国版本图书馆 CIP 数据核字（2021）第 149576 号

全面建成小康社会大事记

QUANMIAN JIANCHENG XIAOKANG SHEHUI DASHIJI

中共中央党史和文献研究院

人民出版社 出版发行

（100706　北京市东城区隆福寺街 99 号）

涿州市星河印刷有限公司印刷　　新华书店经销

2021 年 7 月第 1 版　2021 年 7 月北京第 1 次印刷

开本：635 毫米×927 毫米 1/16　印张：7.5

字数：75 千字

ISBN 978－7－01－023633－9　定价：26.00 元

邮购地址 100706　北京市东城区隆福寺街 99 号

人民东方图书销售中心　电话（010）65250042　65289539